Collana

hagiographi

~ 4 ~

IMPRIMATUR

7 ottobre 2014

Festa della Madonna del Rosario

ISBN 978-88-97393-20-7

Edizioni Kirke
Cerchio - Avezzano

Sede: Via Lorenzo Perosi, 11 - 67051 Avezzano (AQ)
Sito web/E-shop: www.edizionikirke.it
info@edizionikirke.it

Ennio Grossi

La storia e il culto di San Vincenzo Ferrer

Volume III/1
(1394-1410)

Edizioni Kirke

Et vidi alterum Angelum
volantem per medium Coeli,
habentem Evangelium Aeternum,
ut evangelizaret fedentibus super Terram,
et super omnem Gentem, et linguam, et populum,
dicens magna voce

TIMETE DEUM,

ET

DATE ILLI HONOREM,

QUIA VENIT HORA

IUDICII EIUS.

Ap. 14,6

Indice del volume

Le foto presenti nel volume sono state realizzate dall'Autore durante il suo viaggio in Spagna nel febbraio 2014.
Le illustrazioni sono tratte dal libro "*Storia della vita e del culto di S. Vincenzo Ferreri dell'Ordine de' Predicatori*" di P. Antonio Teoli, Tipografia dello Stabilimento dell'Ateneo, Napoli 1843

Prefazione

> *«A tua immagine hai formato l'uomo, alle sue mani operose hai affidato l'universo perché nell'obbedienza a te, suo creatore, esercitasse il dominio su tutto il creato. E quando, per la sua disobbedienza, l'uomo perse la tua amicizia, tu non l'hai abbandonato in potere della morte, ma nella tua misericordia a tutti sei venuto incontro, perché coloro che ti cercano ti possano trovare. Molte volte hai offerto agli uomini la tua alleanza, e per mezzo dei profeti hai insegnato a sperare nella salvezza».* (Preghiera Eucaristica IV)

Leggendo questo libro, che ci parla della prima parte della missione di San Vincenzo Ferrer, il cuore si apre alla speranza in Dio che è Amore e misericordia e che mai abbandonerà l'umanità in balìa delle onde contrarie al bene e alla felicità eterna che ci furono comprate a caro prezzo: il sangue del Figlio Gesù!

San Vincenzo Ferrer è un segno dell'amore e della presenza di Dio per l'uomo di ogni tempo. La sua vita ci mostra l'agire di Dio nella storia dell'umanità e della Chiesa, al di là delle ferite dell'egoismo e della superbia umana. È proprio vero che Dio sa scrivere diritto sulle linee storte degli uomini! In un tempo di divisioni, di papi e antipapi, di pericoli e di scisma, di cattivi costumi in Europa, Dio non abbandona i suoi figli e figlie ma invia l'araldo del Vangelo a predicare la bella notizia dell'amore e della salvezza, continuamente offerta, aiutando gli uomini e le donne a ravvedersi dagli errori commessi e incutere speranza nei cuori umani, affinché tutti possano riconoscere e proclamare che "Gesù è il Signore" (Fil 2,11).

Come è possibile predicare il Vangelo in ogni dove, senza fermarsi mai? Come è possibile "vagabondare" per un continente intero senza perdere la propria identità di figlio della Chiesa e figlio di una spiritualità (quella domenicana in questo caso)? Come è possibile non aver paura di niente e di nessuno e parlare, comandare e annunciare con quella *parresia* degli apostoli? La risposta la incontriamo nei capitoli che seguono, quando si legge della grande devozione e spirito di preghiera di San Vincenzo, il suo amore per le Scritture Sacre, la sua unione mistica al Cristo e il suo amare l'"uomo", tutto l'uomo e tutti gli uomini. La missione vera è mistica, è comunione intima con l'Amato perché il missionario è, e deve essere, solo il dito che mostra la stella polare del nostro cammino: Cristo Gesù!

E il Ferrer ci riuscì grazie allo stile di vita povero, sobrio, umile e obbediente. Chi lo ascoltava restava incantato e il cuore si apriva al dono della salvezza perché si fece "tutto a tutti", a esempio di Colui che annunciava e Lo annunciava con la vita prima che con le parole. È il *latere Christi*.

Sembra di leggere, in queste pagine, ciò che diceva San Francesco di Assisi: «*Predicate sempre il Vangelo, e se fosse necessario anche con le parole*».

Un'ultima domanda potremmo porci noi, lettori di questo libro, che è denso di storia e di spiritualità, unite in maniera saggia dal carissimo amico e fratello don Ennio: perché riproporre la figura di un santo che è vissuto circa sei secoli fa? Cosa ha da dire a noi, uomini e donne dell'era industrializzata e post-cristiana?

Nel leggere la vita e la missione di questo santo predicatore sembra di ascoltare le parole del nostro Santo Padre, il papa Francesco, che ci sprona ad essere una chiesa povera per i poveri, una chiesa aperta e in uscita, una chiesa che sia un ospedale da campo per curare le ferite dell'umanità e continuare, come il buon samaritano, "*a versare l'olio della speranza e il vino della consolazione*", una chiesa che si sporchi di fango e che attraversa le vie della vita degli uomini e delle donne.

Una chiesa coraggiosa, che non teme niente e nessuno e che non ha paura di annunciare il Vangelo in ogni angolo della Terra e, soprattutto, nelle periferie esistenziali per promuovere l'uomo, sostenerlo, incoraggiarlo nelle lotte quotidiane e infondere speranza e amore nei cuori. Una chiesa che con forza e coraggio sia capace di scuotere le coscienze, convertire gli erranti, sostenere i vacillanti, confermare chi sta nel buon cammino. È la Chiesa di Gesù Cristo il quale mantiene la sua promessa di "non abbandonarci" e che manderà sempre profeti e santi come Vincenzo Ferrer, per farci gustare la salvezza che viene solo da Dio.

don Beniamino Resta
Missionario della Diocesi dei Marsi in Brasile

Hermita di San Vincenzo in Teulada (Spagna)

Capitolo I

Dalla corte d'Aragona alla corte d'Avignone

Nell'ultimo paragrafo del II volume abbiamo accennato che, dopo la morte del Papa Avignonese Clemente VII, avvenuta il 28 settembre 1394, il Cardinale aragonese De Luna venne eletto con i voti di venti cardinali sui ventuno presenti ad Avignone. Essendo ancora Diacono, fu ordinato prima sacerdote il 3 ottobre e poi consacrato Vescovo l'11 ottobre seguente.

L'ampio consenso e la grande influenza che egli sapeva esercitare non bastarono ad evitare le temute rivalità nazionali: da una parte la Corona d'Aragona esprimeva certamente ampia soddisfazione, dall'altra Carlo VI di Francia[1] non vedeva di buon occhio nel suo territorio un papa che venisse al di là dei Pirenei.

I.1 *Avignone: citta' dei Papi*

È sempre molto interessante leggere le descrizioni che fa P. Fages delle città nella biografia di San Vincenzo. Egli stesso afferma che non senza emozione ci si approccia alla città di Avignone, «*che fu per quasi un secolo la capitale del mondo Cristiano*»[2].

Là si trova il leggendario ponte di Avignone costruito da

[1] *Il Beneamato*, o anche *il Pazzo* (Parigi, 3 dicembre 1368-Parigi, 21 ottobre 1422), figlio del re Carlo V e di Giovanna di Borbone, fu re di Francia della dinastia dei Valois dal 1380 al 1422. Nel 1380, all'età di undici anni, fu incoronato nella Cattedrale di Reims. Carlo VI fu conosciuto come "*il Pazzo*", da quando, tra i 20 e i 30 anni di età, incominciò a soffrire di attacchi psicotici, che si ripeteranno per il resto della sua vita.

[2] P. Fages, *Histoire de Saint Vincent Ferrier*, Paris 1901, p. 103.

San Benezet[3]; il Palazzo dei Papi che come una montagna imponente sembra, non solamente dominare la città, ma più grande di essa; il suo stupendo fiume che contribuisce a dare ad Avignone un carattere del tutto particolare.

Ci ricorda ancora il Fages che Avignone è piena anche di ricordi e memorie domenicane: qui San Domenico nel 1219 assistette ad un Concilio contro gli Albigesi e fondò uno dei suoi primi conventi: egli scelse come luogo una piccola isola del Rodano dove già si ergeva un oratorio in onore di Santa Marta (in seguito diede ospitalità ai Papi fin quando non fu ultimato il Palazzo).

Ad Avignone si tennero due conclavi e due pontefici furono incoronati, vi fu canonizzato San Tommaso d'Aquino e, nel Palazzo dei Papi, nel fondo del dormitorio vi era la cella, poi trasformata in Cappella, dove San Vincenzo morente ebbe la visione che gli ridonò la salute.

Purtroppo però oggi molto poco rimane di tutto questo e soprattutto del Convento dei Predicatori di cui neanche le rovine sono rimaste. Soltanto le strade conservano ancora il loro nome.

In questa città il nostro Santo fu chiamato da Benedetto XIII e posto come «*luce sul candeliere*»[4].

[3] Benedetto di Hermillon, detto anche Bénézet (1165?-1184). Secondo una leggenda provenzale, all'età di dodici anni ricevette in una visione l'incarico divino di realizzare un ponte sul Rodano: un angelo lo accompagnò dal vescovo di Avignone, che lo indirizzò al prefetto della città, il quale gli affidò un'enorme pietra per dare inizio ai lavori; nonostante le dimensioni di tale masso (trenta persone non sarebbero riuscite ad abbracciarlo), Benedetto lo trasportò da solo sul luogo di fondazione della prima arcata del ponte dando inizio, il 13 settembre 1177, alla costruzione dell'opera.

[4] Cfr. Mt 5,15b.

I. 2 *Da Giovanni a Benedetto*

Il 19 maggio del 1396 il figlio di Pietro IV il Cerimonioso, Giovanni d'Aragona, morì improvvisamente per una caduta da cavallo. Durante il suo regno, aveva designato San Vincenzo come consigliere e suo elemosiniere, incarichi per cui tutti ne avevano gioito, maggiormente i più bisognosi. Chi ne trasse più gioia, tuttavia, fu proprio lui, San Vincenzo, che attraverso questi titoli aveva la possibilità, secondo il Vangelo, di soccorrere gli orfani, le vedove e i poveri.

Alla morte di Giovanni d'Aragona, che lo colse senza figli maschi viventi, gli successe suo fratello Martino che in quel momento si trovava in Sicilia. Sua moglie, Maria De Luna, rivendicò il trono in nome del marito che rientrò in Aragona solo l'anno seguente.

Al nuovo sovrano d'Aragona, ci riferisce il Teoli, San Vincenzo scrisse una lettera «*in cui paternamente lo ammoniva a restituire i beni usurpati da' suoi antecessori a' canonici di Tarragona, attribuendo le loro infauste morti a manifesto castigo divino: ed intimando al nuovo re un non minor flagello, se del consiglio che davagli approfittato non si fosse*»[5].

Intanto ad Avignone si era reso vacante il posto di Maestro del Sacro Palazzo[6]. Ci riporta infatti il Fages che: «*il P.*

[5] A. Teoli, *Storia della vita e del culto di San Vincenzo Ferreri*, Tipografia dello Stabilimento dell'Ateneo, Napoli 1843; pp. 22-23.

[6] Era l'ufficio di un dignitario della Corte pontificia, appartenente all'Ordine dei Frati Predicatori, che risiedeva nel Palazzo dove svolgeva la funzione di teologo del Papa. L'origine di questo uffizio risale al 1218, allorché San Domenico di Guzmán, che aveva ottenuto da papa Onorio III il Convento di Santa Sabina sull'Aventino, avendo osservato che i prelati e i funzionari della Santa Sede trascorrevano molto tempo nelle anticamere nell'attesa di essere ricevuti dal papa, consigliò allo stesso Onorio III di incaricare qualcuno che impartisse loro degli insegnamenti religiosi, anziché perdere tempo in ozio. Onorio III accolse il consiglio e

Sanche de Porta, Domenicano, esplicò [...] *la funzione di Maestro del Sacro Palazzo. Un giorno, secondo la consuetudine dovuta alla sua carica, mentre predicava nella Cappella papale, parlò con una tale energia della necessità di far cessare lo Scisma. Discorso che non mancò di colpire il cuore di molti. Evidentemente Benedetto XIII non gradì un simile discorso tanto da destituirlo e farlo mettere in prigione. Il Padre Domenicano riuscì poi ad evadere qualche tempo dopo*»[7].

Si poneva quindi il problema della successione, la cui scelta, non tardò a cadere sulle spalle del Santo valenziano. Il Papa Avignonese infatti, eletto da poco più di un anno e desideroso di circondarsi di persone capaci, soprattutto per riscuotere consensi nel popolo, approfittando della morte di Giovanni d'Aragona, mandò a chiamare San Vincenzo: la chiamata del Papa era un ordine ed egli vi andò senza esitare.

Secondo il biografo francese, l'arrivo di San Vincenzo ad Avignone sarebbe databile al 1395; tuttavia, per le vicende che abbiamo sopra narrato, convenendo con gli altri autori sappiamo con certezza che l'arrivo di San Vincenzo nella città avignonese avvenne nella seconda metà del 1396. Quando fu ricevuto presso Avignone «*incredibili furono le dimostrazioni di stima colle quali fu accolto da Benedetto, da cui alla carica di suo confessore fu aggiunta quello di maestro del sagro palazzo, di sommo penitenziere e di suo cappellano domestico*»[8].

Il santo che avrebbe preferito la quiete del Chiostro, lo studio della Sacra Scrittura e la contemplazione, si ritrovava adesso catapultato nel turbinio della Corte papale, della sua politica e della sua sete di potere. Ma: «*In mezzo a si onorevoli uffici non visse oziosamente Vincenzo, né interruppe i suoi consueti esercizi di pietà di fervore e dello studio della sagra Bibbia, né*

nominò primo maestro del Palazzo Apostolico lo stesso San Domenico.

[7] P. Fages, *Histoire de Saint Vincent Ferrier*, cit., p. 105.

[8] A. Teoli, *Storia della vita e del culto...*, cit., p. 23.

tanto poco quello delle prediche del popolo, sempremai pronto ed assiduo nel giovare a' prossimi con limosine con consigli salutari e con tutte quelle parti che la sua ardentissima carità gli dettava. Ciò che dava forza alle sue parole erano gli esempi della sua santissima vita; perocchè in mezzo alla corte non volle mai temperare i soliti digiuni né tralasciare le vigilie delle notti, in cui se la passava la maggior parte in cantar inni e far lunghissime orazioni; per le quali cose che non poteva in tutto occultare, era non solamente dal pontefice e da prelati della corte, ma eziandio da tutto il popolo amato, osservato, venerato e celebrato con somme lodi come fedele e singolare servo di Dio e dottore della verità che da' pulpiti continuamente insegnava»[9].

I. 3 *La Francia contro Benedetto*

Da quando nel 1394 Pedro De Luna era salito al trono papale d'Avignone, aveva cercato di rassicurare il Re di Francia, affermando che si sarebbe adoperato per riuscire a donare la pace alla Chiesa. Il Vescovo d'Avignone, Gilles de Bellemère,[10] aveva portato egli stesso la lettera da parte di Benedetto per assicurare al sovrano che il Papa Aragonese avrebbe accettato tale dignità solo per la gloria di mettere fine allo Scisma.

Questo tipo di impegno, del resto, apparteneva al giuramento pre-conclave di tutti i Cardinali: «*Prima dell'elezione, i cardinali di questa obbedienza, riunitisi al fine di designare il loro supremo pastore, si sono legati con giuramento al seguente impegno: se uno di loro divenisse papa dovrebbe prodigarsi per l'unione*

[9] *Ibidem.*

[10] Nato a Château-du-Loir nel 1342. Auditore di Rota ad Avignone, seguì Gregorio XI a Roma; sotto Clemente VII, di cui fu seguace, fu reggente della Cancelleria apostolica (della quale compose le regole), vescovo di Lavaur (1383), di Le Puy (1391), e infine di Avignone dal 1392 al 1407, anno della sua morte.

della nostra santa madre Chiesa con tutti i mezzi e non dovrebbe respingere nessuna via atta a realizzare la detta unione, purchè apparisse tale ai suoi cardinali, anche se si trattasse della via della cessione o in altre parole di deporre la dignità pontificale»[11].

Abbiamo anche accennato che in realtà Calo VI non era poi così entusiasta che il Papa di Avignone fosse un aragonese, quindi non resta difficile pensare che il fine delle rassicurazioni di Benedetto più che finalizzate al vero scopo del giuramento fossero atte ad imbonirsi il Re di Francia.

Nell'autunno del 1394 Carlo VI aveva inviato presso il Palazzo avignonese il suo confessore Pierre d'Ailly[12], il quale tornando, il 1° febbraio 1395, nella sua relazione sottolineava la necessità della «*via cessionis*».

Degli sforzi e delle pressioni al fine di giungere ad una necessaria soluzione per la pace della Chiesa, ne abbiamo già parlato nel Volume II ma sappiamo purtroppo che non furono sufficienti.

Particolare interesse suscitava anche la posizione del Regno d'Aragona da poco passato nelle mani di Martino I. In seguito al suo ritorno dalla Sicilia, il Re si era recato ad Avignone per un soggiorno dalla Quaresima alla metà di maggio

[11] A. Fliche-V. Martin, *Storia della Chiesa*, vol. XIV/1, Edizioni San Paolo, 1997, p. 125.

[12] Nacque a Compiègne nel 1350 da una famiglia dell'agiata borghesia. Con lo Scisma d'Occidente del 1378, Pietro si fece conoscere pubblicando la sua *Lettera di Leviatano*, ove richiedeva la convocazione di un concilio che mettesse fine allo scisma. Cappellano del re Carlo VI, divenne presto un personaggio influente; Clemente VII, per farsene un alleato, lo nominò cancelliere dell'Università parigina nel 1389, dove fu maestro, tra gli altri, di Jean Gerson, suo amico e amico di San Vincenzo. Pietro appoggiò Benedetto XIII ricevendone in cambio il vescovado di Puy nel 1395, il trasferimanto a Noyon nel 1396 e a Cambrai nel 1397. Nominato cardinale nel 1411 dall'antipapa Giovanni XXIII, non esitò ad abbandonarlo durante il Concilio di Costanza (1414-1418), favorendo l'elezione di Martino V. Morì ad Avignone il 9 agosto 1420.

del 1397. Il sovrano fu insignito della "Rosa d'oro" e prestò omaggio anche per la Sardegna e la Corsica.

In questo lungo soggiorno, Martino si era intrattenuto a lungo con il papa al fine di trovare una soluzione diversa da quella della cessione e, se il papa poteva contare sull'appoggio dell'Aragona, non certo poteva stare tranquillo circa i rapporti sempre più stretti tra Francia e Castiglia. Enrico III[13] infatti aveva scritto a suo zio, il Re d'Aragona, rigettando completamente la strada del compromesso e mettendosi palesemente al fianco della Francia sulla via della cessione.

Nel 1397, dopo una faticosa trattativa tra Francia e Inghilterra, nel mese di giugno alcuni delegati castigliani, inglesi e francesi avevano portato le loro richieste al Papa d'Avignone, intimando la sottrazione d'obbedienza se l'unione non fosse stata risolta entro la Candelora dell'anno seguente. Il tempo trascorse e a febbraio 1398 nulla era cambiato rispetto ai mesi precedenti. Ciò che destava inquietudine poi, soprattutto nel cuore dei fedeli, non era solamente l'ostinazione del Papa De Luna, ma anche il silenzio di Bonifacio IX.

Il 29 maggio 1398 un sinodo nazionale di 12 saggi venne riunito a Parigi alla presenza di centouno arcivescovi, vescovi, abati ed altri ecclesiastici. L'assenza del re, malato, fu colmata dai duchi di Borgogna, Barry, d'Orleans, Borbone e Bar; in più erano presenti il re di Navarra e gli inviati di Enrico III, re di Castiglia. Dopo due settimane di dibattito, l'11 giugno iniziarono le procedure di voto. Agli inizi di luglio il risultato era di 247 voti su 300 a favore della sottrazione d'obbedienza al Papa avignonese. Il 28 luglio il re emise l'ordinanza e l'8 agosto il sinodo fu chiuso.

[13] Nacque a Burgos il 4 ottobre 1379, fu re di Castiglia e León dal 1390 al 1406. Enrico era il figlio primogenito del re Giovanni I di Trastamara e della sua prima moglie, Eleonora d'Aragona. Fu il terzo monarca della casa dei Trastamara a sedere sul trono. Morì a Toledo il 25 dicembre 1406.

Prima di ricorrere alla forza, si decise di inviare al Papa una nuova ambasciata ma il suo rifiuto fu categorico. Il primo settembre del 1398 la sottrazione d'obbedienza fu pubblicata sul ponte d'Avignone. Tutti i Cardinali, eccetto due, e la maggior parte dei loro familiari abbandonarono il Palazzo dei Papi. I Cardinali dissidenti incitavano il popolo alla rivolta e il 16 settembre uno di loro, il Cardinale di Neufchatel «*designato dai cardinali come capitano d'Avignone, fece il suo ingresso a cavallo nella città, vestito di rosso, senza rocchetto, la spada al fianco e il bastone in mano, seguito dalle sue truppe. Eccitava il popolo alla ribellione e tutti gridavano: Viva il Sacro Collegio! Viva la città di Avignone!*»[14].

I. 4 *Alzati Vincenzo!*

Se papa De Luna riusciva a destreggiarsi bene in mezzo agli scontri, il suo confessore, troppo in vista per non essere responsabile malgrado la sua volontà, non poteva approvare una situazione così anormale.

San Vincenzo - afferma il Fages - credeva alla legittimità di Benedetto XIII ed era troppo sincero per dire il falso, tanto da affermare la certezza di questa verità perché misticamente rivelato. Egli credeva, quindi, alla legittimità di quel papa; tuttavia, nonostante le sue certezze, il santo non faceva altro che insistere perché il suo penitente cedesse per il bene della Chiesa e della pace.

Era forse riuscita Santa Caterina vent'anni prima a vincere l'ostinazione dei Cardinali? Purtroppo neanche Vincenzo riuscì a vincere l'ostinazione del suo figlio spirituale che continuava a ripetere: «*Io resto!*».

Tanta fu la sofferenza e la delusione per la difficile riso-

[14] A. Fliche-V. Martin, *Storia della Chiesa*, cit., p. 143.

luzione dello scisma che, ci raccontano i biografi, cadde ammalato. «*Il peso delle si lunghe, si gravi, e sempre incessanti fatiche descritte cominciarono ad opprimere il corpo del Santo; avvengachè, sebbene fusse tutto spirito, non era non per tanto la di lui carne, carne di bronzo, come Giobbe dicea. Quello però, che più lo abbattè furono le afflizioni dell'animo, che lo straziavano sulla considerazione di ciò, che mortalmente la Chiesa pativa fra gli agitamenti dell'ostinato Scisma*»[15].

La voce si sparse per tutta la città e talmente poche erano le speranze che, da un momento all'altro, si aspettava la notizia della sua morte. San Vincenzo ormai stremato dalle forze, rivolto al crocifisso disse: «*Signore, Signore, o rimediate alla vostra Chiesa, o togliete Vincenzo dal Mondo. Se bisognavi la mia vita, se col mio sangue si può restituire l'unione, e la pace al Vaticano, fatelo Signore, che son pronto. Non posso più vedere questi sconcerti, e la vostra inconsutil veste in bocca di tanti cani arrabbiati, che la fanno a pezzi, mi straccia le viscere. Morire, Signore, più tosto morire*»[16].

Era il 3 ottobre, vigilia della festa di San Francesco: «*intrò subito il Redentore del mondo Iesù Christo Signor nostro, e lo consolò con la sua presentia grandemente. Le certificò, che subito saria libero di quella sua infirmità, e che di là ad alcuni anni (che forno poco manco di venti) si daria principio, a mettersi in ordine il negotio della Schisma. Ancor li comandò che si levasse, e andasse come apostolo per il mondo, predicando contra li vitij, e peccati, che piu in quel tempo s'usavano. Li avviserai (li disse Iddio) del pericolo nello quale campano, e che cercano emendarsi perchèil Giuditio universale sarà presto. Ti dico, che vogli essere costante, e non habbi paura*

[15] G. M. F. Ferrarini, *Ragguaglio istorico della vita apostolica e taumaturga di San Vincenzo Ferreri,* Stamperia di Giuseppe Pandolfo Malatesta, Milano 1732, p. 129.

[16] *Vita e miracoli del glorioso taumaturgo e Appostolo delle Spagne San Vincenzo Ferreri,* Mantova 1735, pp. 29-30.

di nissuno perché, ancorchè non ti mancheranno cotrarij, e altri che ti haveranno invidia, però io mai ti mancherò, acciò possi rompere, e sturbare, e andare per tutte le parti dela Europa, predicando il mio Evangelio: e all'ultimo passerai di questa vita, là in quelle parte, e fine della terra. Ditto questo, in segno di gran familiarità li mise la mano nella faccia dicendole. Alzate Vincentio mio»[17].

Raccontano inoltre i biografi che dopo queste parole il Signore Gesù gli toccò la guancia con la mano. Sembra che quel segno sia rimasto indelebilmente impresso e, quasi a conferma della sua autorità di *Legato a latere Christi*, era maggiormente visibile quando egli predicava. Queste informazioni le apprendiamo anche da una lettera che il Santo scrisse a Benedetto XIII il 27 luglio 1412 e che viene riportata in *Appendice*.

Sappiamo perciò dalle fonti che la sua guarigione avvenne alla vigilia della festa di San Francesco, cioè il 3 ottobre. Sul testo del Teixidor[18] seguendo quanto egli afferma, riscontriamo che c'è discordanza sul calcolo dell'anno in cui ciò avvenne. Alcuni, infatti, sostengono che la visione sia avvenuta nel Convento dei domenicani di Avignone, altri invece nel Palazzo dei Papi.

Come sempre è necessario partire da ciò che abbiamo di certo: l'arrivo del Santo nella città avignonese nel 1396 e l'inizio della sua missione nel novembre 1399. È evidente quindi che il tutto sia avvenuto in questo arco temporale di 3 anni che, non essendo breve, risulta difficile da collocare con esattezza.

Leggendo le varie biografie si nota infatti che per alcuni l'evento mistico sia da collocarsi immediatamente prima

[17] V. J. Antist, *La vida y historia del apostòlico predicator Fray Vicente Ferrer*, Valencia 1575; trd. Italiana di P. Iacopo Magdalena O.P., Palermo 1600, p. 46.

[18] Nota 69, p. 230 dell'edizione elaborata da P. Alfonso Esponera Cerdan O.P.

dell'inizio dell'apostolato e quindi nell'ottobre 1399. Ma dobbiamo subito dire che questa teoria è da scartare totalmente se teniamo conto degli eventi della storia di quei mesi.

Quanto al luogo, si contraddice anche il Fages che, parlando del Palazzo dei Papi, riferisce che in esso vi era la cella della visione; tuttavia afferma in seguito, che il santo, a causa delle turbolente vicende si ritirò nel Convento dove si ammalò e ottenne la guarigione.

C'è quindi da riscontrare non poca confusione. Per questo ritengo che sia da prendere in considerazione l'ipotesi autorevole del Teixidor. Egli sostiene, infatti, che la malattia e la visione siano avvenute nell'anno 1396, nel Palazzo dei Papi e non nel Convento dei Domenicani dove il santo si trasferì anni dopo.

I. 5 *Io sono di partenza e chiedo la licenza*

Nel giorno seguente, ormai guarito, San Vincenzo si recò dal Pontefice Avignonese e «*li domandò licenza di andare ad esercitar l'officio Apostolico commessoli dal Signore*»[19]. Aggiunge il Ferrarini che «*In ciò sentendo, provonne il Papa uno straordinario cordoglio, onde per allora convenir non volle a dargli la licenza richiesta, risentendo al vivo, che 'l Santo abbandonar lo volesse nel tempo del maggior suo bisogno, e del maggior suo pericolo; quindi andò deferendogli, quasi per due anni con vari forti motivi, e ragioni, la richiesta tanto sospirata, licenza. Convenne all'umilissimo Santo il negare la propria volontà per tal tempo, e rassegnarsi, perché in fatti vedea non essere ciò senza frutto, e ne sperava qualche maggiore*»[20].

[19] D. Marchese, *Vita del glorioso Apostolo delle Spagne S. Vincenzo Ferreri*, Napoli 1669, p. 25.

[20] G. M. F. Ferrarini, *Ragguaglio istorico della vita...*, cit., p. 131.

Sappiamo inoltre che «*la maggiore delle di lui occupazioni fu nel correggere gli errori, e gli abusi, e nello studiare la santificazione di ciascheduno, che con esso lui trattasse. La massima più principale, e l'attenzione più premurosa fu di smorzare il gran fuoco dello Scisma, nel quale purtroppo miseramente la Chiesa Cattolica, ed i Figli suoi ardevano, e di atterrare a tutto potere le mostruose infernali Macchine de Scismatici: e sebbene non potè il buon Santo si prestamente, per alti profondi giudizj di Dio, riescirne nell'intento, come bramava, non è però, che egli non vi ponesse tutto lo studio, e tutto lo sforzo suo*»[21].

Quindi San Vincenzo «*Proseguì per tanto ad assistere al Pontefice con grande accuratezza, ed attenzione, accompagnandolo con vera carità ne di lui travagli maggiori, e particolarmente nell'anno 1398, in cui Benedetto fu al sommo afflitto, in fino ad essere assediato nel proprio Palazzo, per volerlo obbligato a cedere al Pontificato*»[22]. Da queste parole deduciamo che lo zelo che il santo profuse nella sua presenza alla corte di Avignone e la sua vicinanza a Papa De Luna fu solo per il vantaggio della Chiesa e non per politica o per intrighi di palazzo.

Apprendiamo anche dal Teixidor che, contestualmente alla sottrazione d'obbedienza della Francia a Benedetto, il santo valenziano nella fine d'agosto del 1398, lasciò il Palazzo dei Papi per trasferirsi nel convento del suo ordine. Le domeniche e i giorni festivi predicava nella Chiesa dei Padri Celestini e negli altri giorni nei diversi luoghi della regione.

I. 6 *Santità, preferisco il Paradiso!*

Molti certamente si chiederanno cosa c'entri questo titolo, palesemente attribuibile all'apostolo di Roma San Filippo

[21] *Ibidem*, p. 121.
[22] *Ibid.* p. 132.

Neri, in un libro su San Vincenzo Ferrer. Parliamo infatti di quasi tre secoli di distanza l'uno dall'altro.

Conosciamo tutti, attraverso i biografi del Neri, l'episodio in cui il Papa, chiamato il prete fiorentino a corte, manifestò la volontà di crearlo Cardinale. Il Santo lo guardò e con molta affabilità rispose: «*Santità, preferisco il Paradiso!*».

Anche per san Vincenzo, si presentò il momento in cui fu messo a dura prova quell'inflessibile distaccamento che il Santo aragonese aveva nei confronti «*della Corte, delle Mitre e dei Palli*»[23]. Più volte, infatti, il Pontefice aragonese, per distoglierlo dalla partenza, aveva proposto a San Vincenzo l'onore della Mitria, ma egli rifiutò sia il vescovado di Lerida, sia «*la Mitra più pregevole, e più decorosa per un Valenziano*»[24] cioè la nomina ad Arcivescovo di Valença, la cui sede episcopale si era resa vacante con la morte del Vescovo Giacomo d'Aragona, avvenuta il 30 maggio 1396. Davanti ad una simile proposta, il Santo valenzano rispose «*Io godo assai più, che d'ogni terreno splendore, della mia santa, religiosa povertà e del sagro ritiro dei chiostri miei*»[25].

Qualche tempo dopo, rientrando nel Palazzo, San Vincenzo ricevette l'ordine di recarsi nella grande sala delle udienze. Vi trovò i Cardinali riuniti, tutta la Corte, gli Ufficiali in alta uniforme e il Papa in abiti solenni. Sul grande tavolo di marmo nero spiccava un cappello rosso. Il Santo entrò, era atteso dai presenti in grande silenzio. Il Papa gli si avvicinò, lo prese per mano e lo presentò a tutti come il più degno per riceve la porpora cardinalizia. Tutti applaudirono dimostrandogli i loro auguri. San Vincenzo sorrise e mentre il Pontefice si apprestava a mettergli il copricapo, si spostò e disse: «*Santissimo Padre, lì giudici degli uomini non sempre accertano il*

[23] *Ibid.*, p. 124.
[24] *Ibid.*
[25] *Ibid.*

vero, e di rado vanno in concerto con i rettissimi, imperscrutabili di Dio. Egli, che ben vede il cuor di tutti, scopre ora qual sia il mio, e se folle ambizione giammai lo seduca. Il motivo, per cui chiesi di partire da vostra Corte, non è già, perché la porpora m'abbagli, o onore mi manchi; mi credo troppo onorato, quando mi trovo col carattere di vostro Confessore, e col grande incarico di Maestro del vostro Palazzo; onori, che sorpassando ogni mio merito, non mai entrarono nel numero delle mie brame, e tutta solo obbligarono la mia confusione, come splendidi pregi, quali soddisfare potrebbono a disiderj del maggior ambizioso. Il vero motivo, che sollecita ad imprendere per l'Europa le Sante Missioni, già ve lo accennai, ed ora più che mai chiaro ve lo manifesto, e si è quello di ubbidire più alle voci di Dio, che a quelle degli uomini; e perciò sappiate, che non per mio istinto solo mi movo, ma spingemi l'espresso comandamento di Gesù Cristo, che, risanatomi, mi comandò di portarmi a predicare il suo Vangelo per il Mondo, come un giorno più distintamente saprete»[26].

È molto frequente notare in alcune immagini del Santo un cappello cardinalizio posto ai suoi piedi, che ricorda proprio questa rinuncia. In un mio recente viaggio a Barcellona, in una cappella laterale della Cattedrale di Santa Maria del Mar[27] ho potuto ammirare una pregevole statua di San Vincenzo avente come caratteristica questa specifica iconografia.

I. 7 *La patria attende*

Appena i giurati di Valença seppero la notizia che Benedetto aveva concesso la licenza della Missione Apostolica al loro santo figlio e concittadino San Vincenzo, gli scrissero una let-

[26] *Ibid.*, p. 133.

[27] Costruita tra il 1329 e il 1383, è sicuramente l'esempio più emblematico e puro del gotico catalano.

tera (20 agosto 1399) nella quale chiedevanoo che andasse a beneficare la sua Patria Valenziana con la sua apostolica predicazione:

«*Al molto onorabile e solenne dottore in Teologia, Maestro Vincenzo ferrer dell'Ordine dei Predicatori. In Avignone o dovunque si trovi.*

Sarebbe per noi grande gioia se, molto caro amico e onorabile maestro, la vostra persona, ora libera dal Nostro Signore il Papa, avesse il desiderio di recarsi qui, sua patria nativa, da dove manca da molto tempo.

Secondo il nostro giudizio, dovrebbe avere questo desiderio per tre motivi: il primo per recuperare nel proprio paese le forze e la salute del corpo; secondo per visitare i vostri fratelli carnali, gli altri parenti, e amici anche insieme a colui che per puro amore di Dio seguì le vostre orme scegliendosi, secondo l'etimologia del suo nome Bonifacio, la parte migliore. La terza per la riforma di questa casa del vostro Ordine che per mancanza di religiosi da molto tempo deisdera migliorarsi. Possiamo anche dire la quarta che noi e gli altri in generale e in particolare, chiediamo la vostra presenza almeno per gratitudine. Quindi sia vostra cortesia posticipare tutte le altre cose e venire qui prontamente. Noi contiamo molto che in questo non manchi e non tardi. Abbia cura di voi la Santissima Trinità.

Scritta nella città di Valencia il XX agosto MCCCLXXXXVIIII.

I Giurati di Valencia»[28].

Non sappiamo cosa rispose San Vincenzo a questa lettera. Tuttavia, i biografi ci raccontano che San Vincenzo iniziò il suo apostolato il 22 novembre 1399, giorno dedicato alla memoria della Santa Vergine e Martire Cecilia: «*La nostra Santa Madre Chiesa, celebra oggi la memoria di una gloriosa vergine e*

[28] Cfr. J. Teixidor, *Vida de San Vicente Ferrer, apòstol de Europa*, Ajutament de Valencia 1999, pp. 245-247.

martire, Santa Cecilia; e io la voglio prendere come soggetto del mio discorso, non solamente a causa della sua doppia qualità di Vergine e martire, ma anche perché, in questo giorno, io ho cominciato a predicare per il mondo e a fare conoscere la mia legazione a latere Christi»[29].

[29] Cfr. P. Fages, *Histoire de Saint Vincent Ferrier*, cit., p. 122.

Capitolo II

San Vincenzo e il suo seguito

Prima di iniziare a parlare dei pellegrinaggi e dei viaggi di San Vincenzo, ritengo utile soffermarmi, come fanno anche gli altri autori, sullo stile di vita del nostro Santo e, soprattutto, sulla storia e la composizione della sua Compagnia.

II. 1 *Tesoro di virtù*

Pur senza fare citazioni esplicite, è bene riportare in questo paragrafo una sintesi di tutte le biografie, in merito alla regola di vita che San Vincenzo tenne durante gli anni del suo apostolato.

Ogni volta che giungeva in un luogo, se vi era il convento del suo ordine, vi alloggiava sempre e, nonostante la dispensa fattagli da Benedetto, essendo egli *Legato a Latere Christi*, si assoggettava totalmente all'obbedienza del superiore.

Con molto rigore osservò sempre la regola dell'Ordine, non mangiando carne e, tranne la domenica, digiunava nutrendosi con una sola pietanza giornaliera, dando il resto ai poveri. Due volte alla settimana, invece, digiunava con pane e acqua. Come cibo preferiva quello spirituale della Sacra Scrittura che sempre leggeva e meditava prima dei pasti, anche se a volte capitava di consumarli in osteria.

Attendendo al comando del Signore, nell'essere pronti con i fianchi cinti e le lucerne accese, dormiva sempre vestito sopra una tavola e come capezzale usava una pietra o il libro della Scrittura. A mezzanotte si alzava per la preghiera del mattutino che faceva, come tutto l'ufficio, rigorosamente in ginocchio. Ogni sera si percuoteva con il flagello e, se stanco per le fatiche del viaggio non riusciva a farlo da solo, chiedeva ad un confratello religioso di essere percosso.

Dedicava soltanto cinque ore al riposo mentre il resto della notte lo impiegava nella meditazione o nella lettura della Parola di Dio.

Vestiva una tonaca di lana grezza e un mantello di panno. Mai portò la camicia di lino. Camminò sempre a piedi con il bastone alla mano e, solo quando l'infermità ad una gamba glielo impedì, fu costretto a servirsi di un asino per i suoi spostamenti.

Mettendo in pratica ciò che disse Gesù ai discepoli, non portò nulla con sé, eccetto il breviario e la Bibbia. Mai si lamentò dei disagi e delle sofferenze, rifiutando sempre e ovunque qualsiasi dono.

II. 2 *La Compagnia del santo*

Vincenzo Ferrer portava al seguito una truppa di uomini e donne il cui numero si aggirava intorno alle diecimila unità. Gaspard Pellerin, medico del Re d'Aragona, appartenne a questa compagnia per cinque anni e dopo aver costatato gli effetti straordinari del suo apostolato disse: «*Molti, lasciando tutte le loro occupazioni della vita si disponevano a seguirlo ovunque egli andasse per ascoltare sempre la sua parola*»[30].

Questa compagnia – ci dice il Fages – si formò per la prima volta a Graus,[31] in Catalogna, nel 1398, durante i tredici mesi di attesa che gli impose Benedetto XIII.

Sant'Antonino, un po' sorpreso, verso la fine del 1399,

[30] Cfr. P. Fages, *Histoire de Saint Vincent Ferrier*, cit., p. 150.

[31] Comune spagnolo situato nella comunità autonoma dell'Aragona, nella provincia di Huesca. Ancora oggi si celebra nel mese di settembre la festa di San Vincenzo.

constata un cambiamento singolare nella morale tra gli uomini, le donne e gli stessi bambini: portavano degli abiti lunghi simili a quelli dei monaci; si organizzavano processioni di penitenti, si operavano riconciliazioni pubbliche e la carità si diffondeva. Tutti avevano acquistato un comportamento buono e generoso.

Statua di S. Vincenzo penitente
Museo di Siviglia

Vincenzo sapeva che l'impresa della riforma del mondo che Cristo gli aveva affidato, era ardua e per questo *«procurò di condur seco vari uomini apostolici destinati ad essergli coadiutori nel ministerio della salute delle anime»*[32]. Portò con se i Padri Pietro Roya, Goffredo Blanes, Giovanni Alcoy, Pietro Cedran e Antonio Fuster, che appartenevano al suo stesso ordine ed erano eminenti sia per la santità di vita, sia per lo zelo verso la salute del prossimo. Insieme ad essi vi erano anche alcuni sacerdoti secolari e regolari di altri ordini, che si offrirono per compagni con licenza dei superiori: il loro compito era di supplire, in caso di infermità del loro santo maestro, sia sul pulpito che nel confessionale.

San Vincenzo aveva distribuito a ciascuno un proprio compito: chi era addetto a scrivere le lettere, chi a catechizzare, chi ad occuparsi dei catecumeni, chi a dirigere le folle e chi ad occuparsi dei casi da risolvere e delle paci.

[32] A. Teoli, *Storia della vita e del culto...*, cit., p. 40.

II. 3 *Organizzazione*

Benché i biografi annotino che la Compagnia di San Vincenzo arrivò ad estendersi fino a diecimila unità, tuttavia c'è da precisare che la componente fissa del gruppo oscillava tra le centocinquanta e le trecento.

Questa compagnia non era composta solo da uomini ma anche da donne. Andavano sempre tutti a piedi con i loro bordoni[33], preceduti da diversi stendardi: gli uomini con l'immagine del crocifisso e le donne con la Madonna. Seguiva San Vincenzo con gli ecclesiastici suoi compagni. Tutto il corteo era preceduto da una campanella che serviva da guida e che San Vincenzo usava prima di compiere i miracoli. Insieme ad essi il santo portava anche alcuni pubblici notai per la stipula delle convenzioni e degli accordi di pace.

Alcuni scrittori contemporanei riportano che questa compagnia era anche una sorta di motore economico, in quanto tutte le arti e i mestieri provvedevano al necessario per il vitto e il vestiario, mentre quelle elemosine che venivano loro fatte durante le peregrinazioni servivano per retribuire il lavoro svolto.

Ogni volta che si arrivava in una città, prima che si ritirassero negli alloggi, il Santo faceva loro un discorso nel quale ricordava l'importanza del buon esempio.

L'accoglienza era stimolata sia dalle raccomandazioni che San Vincenzo faceva agli abitanti dei borghi nei quali si fermavano e sia dal fatto che i componenti della compagnia, a motivo della loro testimonianza cristiana, erano degni di stima da parte di tutti.

[33] Bastone con manico ricurvo utilizzato dai pellegrini.

II. 4 *Regolamento*

Abbiamo quindi compreso quanto San Vincenzo fosse arricchito del dono di attrarre a sé innumerevoli folle e come ogni situazione chiedeva di essere gestita in un certo modo. «*Per questo fine prescrisse il santo maestro ad esse le regole colle quali viver dovevano per ottenere la propria ed altri salvezza, regolandole come duce dal cielo, quale esercito del Signore, per combattere i vizi e far guerra all'inferno*»[34]: una vera regola quindi, come se si trattasse di una vera comunità ambulante, con i suoi sacerdoti e procuratori, con la sua bandiera, con i suoi riti e devozioni.

In questa Compagnia nessuno era ammesso senza determinate condizioni, che San Vincenzo elenca in un sermone, probabilmente tenuto intorno al 1411: «*Buona gente, molti vi sono in questo luogo i quali bramano di entrare nella nostra compagnia, per i quali sarebbe meglio il rimanersene nelle loro case, vivendo col santo timor di Dio: perocchè niuno è ammesso in qeusta compagnia senza un precedente e rigoroso esame, con cui, si vegga il profitto, la intenzione ed il fine di ciascheduno. Se ha moglie o figli, e se è risoluto di far penitenza, o se all'opposto non pretendesse altro che di andar girando per mangiare e bere*»[35].

Si doveva quindi esser persone libere, non obbligate da vincolo matrimoniale e nemmeno dalla cura di figli o parenti bisognosi. Egli non permetteva a nessuno che fosse accasato di seguirlo senza che avesse provveduto al sostentamento della casa e dei figli e, se le donne sposate non erano in accordo con i mariti, per vivere la castità ciascuno nei rispettivi gruppi, non venivano accolte.

Inoltre «*San Vincenzo piantò per prima base fondatissima il risoluto generoso amore alla santa povertà; che però dispose, ed or-*

[34] *Ibidem*, p. 35.
[35] *Ibid.*, p. 36.

dinò, che quanti nella sua scuola entrassero a seguirlo, per quanto ricchi, e nobili fussero, distribuissero pria a poverelli di Cristo tutto ciò possedevano, servendo a Gesù povero, ed ignudo in perpetua volontaria povertà senza sollecitudine, e staccati totalmente da tutto il temporale. Da Chierici stessi, e sacerdoti secolari, che alla sua scuola si unirono, esigè assolutamente, che in pria rinunziassero i benefizj loro, senza riserba d'alcuna pensione, e ricchi soli di confidenza in Dio, la quale giammai non mancò con sua opportuna miracolosa Provvidenza, poi l'accompagnassero a piedi nei viaggi suoi, e nelle sue missioni»[36].

Il Santo poi voleva che ciascuno si applicasse a quel "lavoro delle mani" per guadagnarsi il vitto. Come infatti ricorda San Paolo alla comunità di Tessalonica, «*vivere in pace, attendere alle cose vostre e lavorare con le vostre mani, come vi abbiamo ordinato, al fine di condurre una vita decorosa di fronte agli estranei e di non aver bisogno di nessuno*»[37], così San Vincenzo raccomandava sempre alla sua Compagnia: «*voi della Compagnia travagliate in nome di Dio; ed ognuno dopo l'orazione impiegatevi coraggiosi, ciascheduno nel vostro Uffizio, e nelle Case dove sarete albergati, e con i Popoli, che cristianamente vi accoglieranno*»[38].

Altra condizione essenziale per gli ascritti era che fossero gente di buona fama o che fossero desiderosi di riacquistarla con penitenza pubblica e vero pentimento. Egli infatti non riceveva solo persone innocenti e sante, ma soprattutto i grandi peccatori e peccatrici purché manifestassero il desiderio di voler cambiare vita vivendo da veri penitenti.

Riporto qui l'interessante elenco che fa il Teoli sulle varie categorie di peccatori che appartenevano alla Compagnia di San Vincenzo: «*pubblici ladroni, assassini, usurai, adulteri, sicari, corsari, negromanti, streghe, apostati, maomettani, giudei, eretici*

[36] G. M. F. Ferrarini, *Ragguaglio istorico della vita...*, cit., p. 157.
[37] 1 Ts 4, 11-12.
[38] G. M. F. Ferrarini, *Ragguaglio istorico della vita...*, cit., p. 162.

ed ateisti; pubbliche meretrici, concubinari, ruffiani, bestemmiatori ed altra gente prima impantanata in qualsivoglia lezzo de' vizi»[39].

II. 5 *La Compagnia dei flagellanti*

Le origini della pratica penitenziale della flagellazione ci riporta alle penitenze e mortificazioni praticate dai monaci fin dai primi secoli del cristianesimo e continuate, anche se in forma regolata e temperata, nei secoli seguenti fino ai nostri giorni.

I santi da secoli sono i testimoni e i diffusori di queste pratiche. Già San Paolo fornì indicazioni sul rapporto con il corpo: «*Io dunque corro, ma non come chi è senza mèta; faccio il pugilato, ma non come chi batte l'aria, anzi tratto duramente il mio corpo e lo trascino in schiavitù perché non succeda che dopo avere predicato agli altri, venga io stesso squalificato*»[40].

Più tardi Esichio[41] scrisse: «*Il corpo suole ferire, rovinare chi è schiavo dei piaceri, perciò bisogna colpirlo duramente sul dorso con flagelli e pugni, come un servo infingardo*».

Anche San Benedetto introdusse la disciplina corporale nella sua regola, tuttavia solo per punire i monaci ribelli e colpevoli: «*Riprenda, ammonendoli una prima e una seconda volta, i monaci più docili e assennati, ma castighi duramente i riottosi, gli ostinati, i superbi e i disobbedienti, appena tentano di trasgredire, ben sapendo che sta scritto: "Lo stolto non si corregge con le parole"*»[42].

[39] A. Teoli, *Storia della vita e del culto...*, cit., p. 36.

[40] 1 Cor 9,26-27.

[41] Detto *il Sinaita*. Poco si conosce di Esichio, autore delle *Centurie sulla sobrietà e la virtù*. Le più antiche fonti risalgono al XIII secolo; l'unico dato biografico è che sarebbe stato un egumeno (guida) del convento di Batos (roveto) sul monte Sinai.

[42] Cap. 2, nn. 28-30.

Pier Damiani, Vescovo che apprezzava la penitenza, aveva scritto in un suo opuscolo (*De Laude Flagellorum*) che battersi era il solo modo per salvarsi. Aveva infatti l'abitudine di ripetere: «*Tremila colpi equivalgono ad un anno di penitenza*».

Pietro il Venerabile invece, nel monastero di Cluny dispose che i suoi monaci durante la notte colpissero il proprio corpo per accrescere i meriti con la penitenza.

I Domenicani e i Francescani, anche se in modo moderato, ammisero nelle costituzioni la disciplina con i flagelli. Alcuni sostengono, in maniera ovviamente erronea, che sia stato San Vincenzo il promotore e l'iniziatore della prima Compagnia dei Flagellanti. Dobbiamo invece riconoscere che l'istituzione di questo movimento fu per opera dell'eremita francescano Raniero Fasani[43] nella seconda metà del Duecento a Perugia: egli vestiva di sacco, era cinto da una fune e con una *disciplina* in mano, con la sua predicazione e il suo esempio spronò il popolo a flagellarsi pubblicamente formando una numerosa compagine.

Questa forma di espiazione però preoccupò non poco le autorità della Chiesa che portarono Papa Alessandro IV[44] a porre un divieto a queste pubbliche manifestazioni. Anche Clemente VI[45], nel tempo della 'peste nera' della metà del Trecento, confermò il divieto del suo predecessore con una lettera del 20 ottobre 1349, dal titolo *Inter sollecitudines*. Da Avignone egli indirizzava ai Vescovi di Francia, Germania, Svizzera, Polonia queste parole: «*In alcune regioni del Regno di Germania e dei paesi vicini, sotto pretesto di praticare la devozione e la penitenza, ma invero sotto l'ispirazione del Maligno, autore di*

[43] Morto probabilmente intorno al 1281.

[44] Rinaldo dei Signori di Jenne (nato a Sessa Aurunca nel 1199 ca.) fu papa dal 1254 fino alla morte, avvenuta a Viterbo, il 25 maggio 1261. Era probabilmente figlio di una sorella di papa Gregorio IX, della quale si ignora il nome, e di Filippo II, signore di Jenne.

[45] Ne abbiamo parlato nel Volume II, p. 15, nota 10.

tutti i mali, una sorta di religione vana e di invenzione superstiziosa, per la quale un gran numero di uomini semplici hanno cominciato a vilipendere il potere della Chiesa e la disciplina ecclesiastica, commettendo degli atti del tutto estranei alla vita, ai costumi e all'osservanza dei fedeli. I regolamenti e statuti che essi hanno abusivamente e temerariamente adottato, non sono affatto esenti da errori e si oppongono alla ragione. Più grave è il fatto che alcuni religiosi, specialmente dell'Ordine dei Mendicanti, che avrebbero dovuto distogliere gli altri e ricondurli nel cammino della verità, si servono della loro parola per condurli all'errore. [...] *In conseguenza a tutti i chierici, sia regolari che secolari e a tutti i laici ingiungiamo di evitare e condannare totalmente queste associazioni e di non entrare in queste sette, né di osservare i loro riti, sotto pena di censure ecclesiastiche. Quanto ai religiosi poi, devono rifuggire da queste pratiche così inique, se non per l'amore di Dio, almeno per la confusione umana. Ma se persistono, saranno incarcerati, facendo ricorso, se necessario, al braccio secolare.* [...] *Noi però affermiamo che non intendiamo affatto interdire ai fedeli né la pratica della penitenza, sia se è stata loro prescritta, sia se è spontanea, nelle loro case in privato o fuori in pubblico – eccetto che nelle associazioni, società e gruppi summentovati – a condizione che sia animata da retta intenzione e da una devozione sincera; né l'esercizio di atti meritori di virtù per servire il Signore con devozione ed in spirito di umiltà, secondo quello che Egli stesso avrà ispirato*».

Tuttavia la bolla papale non sortì l'effetto sperato: i Flagellanti continuarono a percorrere le strade d'Europa fino al principio del XV secolo.

Per avere un'idea del fenomeno, riportiamo un'interessante descrizione fatta da un monaco padovano, desunta da un lavoro di Melchiorre Trigilia, recentemente pubblicato: «*Nobili e plebei, vecchi e giovani, a due a due, scalzi andavano in processione preceduti dai gonfaloni e da Cappellani con la croce, piangendo e flagellandosi a sangue le spalle; di giorno e di notte e anche nel più freddo inverno. Cento, mille, diecimila giravano per le città portando la pace fra le fazioni dei Guelfi e dei Ghibellini, invitando tutti a pentirsi dei propri peccati e facendo restituire agli usurai e ai ladri quanto avevano mal sottratto*»[46].

Il movimento si accrebbe ancor di più quando, contrariamente alle disposizioni dei pontefici precedenti, nel 1400 il Papa approvò durante il Giubileo il movimento dei Flagellanti. Essi percorrendo da ogni dove l'Italia, raggiunsero Roma nel settembre dello stesso anno: il papa, se prima era stato dubbioso, ora fece di tutto per favorirli e sostenerli.

In quello stesso tempo, come accennato, sorse la "Compagnia del Santo". Bisogna però porre le dovute distanze dagli altri gruppi dei Flagellanti. La flagellazione pubblica infatti, non apparteneva alla regola della Compagnia di San Vincenzo ed egli mai obbligò alcuno a praticarla o ammonito altri perché non lo facessero. La flagellazione era sempre un atto spontaneo e volontario.

Tutto nasceva dall'ascolto dei Sermoni del Santo che generavano negli animi commozione e compunzione per i propri peccati. La sua parola, ci dicono i testimoni, era così infiammata di carità che riscaldava anche i cuori più gelidi e inteneriva quelli che erano più duri dei sassi.

Essi tenevano ogni sera una processione durante la quale si flagellavano pubblicamente. C'erano uomini e donne, ricchi, nobili e poveri, ecclesiastici e secolari senza distinzione. Incedevano cantando giaculatorie e canti alla Passione di Cristo, «*Flagellavansi tutti non già per cerimonia ma così davvero che il provinciale dell'ordine serafico depose nel medesimo processo, che da giovanetto aveva egli lavati gli abiti di quei penitenti o disciplinanti e che nel lavarli aveva molte volte trovati attaccati a' vestiti i pezzi delle loro carni della grandezza di un dito, squarciate dalle loro spalle a forza de' colpi che si davano*»[47].

[46] M. Trigilia, *I Flagellanti*, Trigilia Cultura, Ispica 2014, p. 4.
[47] A. Teoli, *Storia della vita e del culto...*, cit., p. 179.

I dubbi della Chiesa sorsero pure sulla "Compagnia di Maestro Vincenzo". Nel 1416, infatti, al Concilio di Costanza, i Padri conciliari sollevarono questo problema che ormai durava da anni. Il Cancelliere del Concilio, Jean Gerson[48], inviò a San Vincenzo suo amico, una lettera nella quale affettuosamente gli raccomandava di non compromettere la sua virtuosa reputazione autorizzando questa penitenza collettiva. Il predicatore valenziano lo tranquillizzò dicendo che i suoi compagni praticavano ascetismo con la massima garanzia di pietà e con la flagellazione non intendevano sostituire - come invece sostenevano altri gruppi di flagellanti - il cammino sacramentale della Confessione o le Indulgenze.

La Compagnia del Santo rimase sempre nella più rigorosa ortodossia e sottomissione alle autorità ecclesiastiche.

II. 6 *Leonardo Gaia valenziano*

Nel capitolo 5 degli *Atti degli Apostoli*, l'evangelista Luca racconta il caso di Anania e Saffira sua moglie: «*Un uomo di nome Anania con la moglie Saffira vendette un suo podere e, tenuta per sé una parte dell'importo d'accordo con la moglie, consegnò l'altra parte deponendola ai piedi degli apostoli. Ma Pietro gli disse: "Anania, perché mai satana si è così impossessato del tuo cuore che tu hai mentito allo Spirito Santo e ti sei trattenuto parte del prezzo del terreno? Prima di venderlo, non era forse tua proprietà e, anche venduto, il ricavato non era sempre a tua disposizione? Perché hai*

[48] Jean Charlier, detto Jean de Gerson dal suo luogo di nascita, noto anche con il titolo di Doctor Christianissimus. Nacque a Gerson nel 1363. Nei concilii di Pisa e di Costanza, sostenne con forza i diritti all'autonomia della Chiesa gallicana, combatté ogni rilassatezza dei costumi ecclesiastici, rivendicò la superiorità del potere del concilio dei vescovi rispetto a quello del papa e si adoperò per la cessazione del Grande Scisma. Morì a Lione nel 1429.

pensato in cuor tuo a quest'azione? Tu non hai mentito agli uomini, ma a Dio". All'udire queste parole, Anania cadde a terra e spirò. E un timore grande prese tutti quelli che ascoltavano. Si alzarono allora i più giovani e, avvoltolo in un lenzuolo, lo portarono fuori e lo seppellirono.

Avvenne poi che, circa tre ore più tardi, entrò anche sua moglie, ignara dell'accaduto. Pietro le chiese: "Dimmi: avete venduto il campo a tal prezzo?". Ed essa: "Sì, a tanto". Allora Pietro le disse: "Perché vi siete accordati per tentare lo Spirito del Signore? Ecco qui alla porta i passi di coloro che hanno seppellito tuo marito e porteranno via anche te". D'improvviso cadde ai piedi di Pietro e spirò. Quando i giovani entrarono, la trovarono morta e, portatala fuori, la seppellirono accanto a suo marito. E un grande timore si diffuse in tutta la Chiesa e in quanti venivano a sapere queste cose»[49].

Ho trovato interessante il commento a questo brano di un Padre domenicano. Dalla domanda che Pietro pone ad Anania egli deduce diversi insegnamenti: innanzitutto che gli apostoli sono come gli organi dello Spirito Santo; lo Spirito Santo è Dio, e quindi il mancare di sincerità verso di loro è un mentire a Dio; in ultimo che l'autorità degli apostoli deriva da Dio.

Abbiamo già parlato nel precedente paragrafo quanto San Vincenzo tenesse ad uno stile di vita che fosse principalmente fondato sulla povertà. Avvenne però nella sua Compagnia il caso di un uomo di nome Leonardo Gaia. Originario anch'egli di Valença, chiese di poter entrare a far parte del seguito del Santo. Vendette tutte le sue cose e perfino il proprio saio, ricavandone il prezzo di quattrocento ducati valenziani. Chiese poi come potesse impiegarli e il santo suo concittadino gli rispose: «*Figlio mio, ripartitelo nelle mani dei poveri, che frutteravvi un migliore più pingue tesoro*»[50].

[49] At 5,1-11.
[50] G. M. F. Ferrarini, *Ragguaglio istorico della vita...*, cit., p. 158.

Gaia non essendo del tutto convinto della proposta, decise di deporre nelle mani dei poveri solo la metà del ricavato, tenendo per sé l'altra metà, da utilizzare eventualmente durante il viaggio della Compagnia. Ritornato da San Vincenzo gli disse che aveva fatto quanto egli aveva disposto. Quando il Santo conobbe la doppiezza del cuore del suo concittadino, gli disse: «*Uomo di poca fede: così eh si pretende d'ingannar Iddio, ed un suo Ministro? Chi ti richiese, o ti obbligò a seguir Cristo meco? Quando però ti risolvesti di entrare nella mia Scuola, potevati forse mancare Iddio, che non avesti santamente a collocare in esso lui tutta la confidenza tua? Ritrovasti tu mai, che Dio mancasse a chi alla infinita liberalissima sua Provvidenza di vero cuore s'abbandona? Perché ora sì indegnamente mentire? Pensi tu forse, che io ignori l'inganno tuo, e che non sappia, come se colli medesimi occhi miei il vedessi, che ti hai riservato, ed ora occulti la metà del prezzo ricavato dal tuo avere? Ritirati da me, non sei degno d'entrare nella mia scuola, povera si, ma a cui non mancherà giammai Iddio del necessario*»[51].

Al sentire un simile rimproverò Leonardo Gaia rimase interdetto e pieno di confusione. Prostrato ai piedi del Santo, gli chiese sincero pentimento e umile perdono per la sua colpa e, come Zaccheo a Gesù, promise di dare ai poveri tutto quanto aveva trattenuto per sé.

Nell'interrogazione che San Vincenzo fa a Leonardo Gaia riscontriamo elementi analoghi al dialogo tra Pietro e Anania e, pertanto, anche per San Vincenzo potremmo elencare le stesse deduzioni: San Vincenzo è un inviato dello Spirito Santo e il mancare di sincerità verso di lui è un mentire a Dio; l'autorità di San Vincenzo deriva da Dio perchè lo Spirito Santo è Dio.

[51] *Ibidem.*

II. 7 *La Compagnia sfamata*

Abbiamo già raccontato nel Volume I il miracolo che San Vincenzo operò a Barcellona con le navi cariche di grano, risolvendo così la dura carestia che aveva messo in ginocchio tutta la città.

Più volte, durante le sue peregrinazioni, il Santo si trovò a dover affrontare con la sua Compagnia problemi legati alla mancanza di cibo e di acqua. Del resto la gente che il Santo portava dietro di sé era molta e pur soddisfacendo abbondantemente alle necessità dello spirito, queste folle avevano anche necessità concrete.

«Nei lunghi cammini non era sempre facile trovare villaggi e osterie-albergo, chiamate in spagnolo «ventas», dove potersi rifocillare, e se ce n'erano non sempre avevano quanto occorreva. Successe così alla «venta de Grua» nei pressi di Grenoble; col santo c'erano tremila persone. Di fronte a tanta gente il padrone dell'osteria disse di avere solo poco pane e anche poco vino, e per di più non molto buono. «Portate pure» disse Vincenzo; e ce ne fu per tutti, e il vino si rivelò squisito! L'oste meravigliato e riconoscente pregò il Santo di benedire la casa; ciò che egli fece ben volentieri per la gioia di tutti, che fu ancora più completa perché la madia si ritrovò piena di pane e anche la cantina di vino!»[52].

[52] U. TOMARELLI, *San Vincenzo Ferreri. Apostolo e taumaturgo*, Edizioni Studio Domenicano, Bologna 2005, p. 125.

Capitolo III

Inizia la missione

Fin qui abbiamo cercato di diradare le nebbie fitte dei difficili anni della residenza avignonese di San Vincenzo. Non meno difficile sarà ricostruire il lungo cammino che il nostro Santo percorse attraverso la Francia, il nord dell'Italia e la Spagna.

Non posso non concordare con Padre Fages, il quale sostiene che se si cerca la fonte di tanto bene che sostenne gli animi e li aiutò ad uscire da questa fase così disastrosa la si trova nell'apostolato di San Vincenzo.

III. 1 *Un prelato di mal costume*

Vi era in quella città e in quella corte un ecclesiastico stimato per la sua dignità e per i suoi pregi. Più volte era stato avvertito e redarguito per un suo vizio abituale quanto ai costumi e agli agi. Ne fu avvisato anche Maestro Vincenzo il quale, a colui che gli riferiva il fatto quasi scandalizzato, rispose: «*Usate carità al Povero acciecato, compatitelo, e raccomandatelo a Dio, acciò non divenghiate voi più di lui cieco. Non passerà domane, che egli resterà da Dio illuminato, e voi fate conto del Lume, che avete oggi, senza mestrarvegli nemico, se non volete perderlo per sempre*»[53].

San Vincenzo per tutta la notte nella preghiera affidò quell'uomo di chiesa alla Misericordia del Signore perché lo sollevasse dalle «*sozze sue tenebre*»[54].

Il giorno seguente, sapendo dove trovare il prelato riuscì, con l'aiuto della servitù, ad entrare nella sua stanza. Aprì

[53] G. M. F. Ferrarini, *Ragguaglio istorico della vita...*, cit., p. 125.
[54] *Ibidem*, p. 126.

d'improvviso la finestra e accostatosi al letto con il suo crocifisso si rivolse all'uomo dicendo: «*Orsù, vedete Figlio mio, quanto è buono, ed amoroso il nostro* G*esù*: *voi fuggite da lui, ed egli viene a ritrovarvi, e sorprendervi confidentemente, fino nel Letto. Orsù pace, Figlio mio, pace. Contentatevi, l'avete offeso abbastanza. Sarebbe troppo villana sianoscenza l'offenderla di più. Basta così. Abbracciatelo ed amatelo, che egli non ha cessato d'amarvi, e più amorosamente, che mai, v'abbraccierà se volete*»[55].

Detto questo gli avvicinò il crocifisso alla bocca e, lasciatoglielo lì, fuggì velocemente dalla stanza. L'uomo rimase impietrito a quella scena, si strinse il crocifisso al petto e messosi in ginocchio per terra piangendo disse: «*Ah mio* G*esù! Ah mio* G*esù! Voi sì buono, ed io sì empio! Non sia mai vero, che più v'offenda. Morir bensì mille volte, ma non più mai esser ingrato a tanta Bontà. Ah Mestro* V*incenzo gran Ministro di Dio, quanto debbo alla vostra Sapiente Santità. Voi mi richiamaste dal mio Letargo, acciò voi pure diate il compimento all'opera, che si ingegnosamente principiaste, e mi riconciliate, e mi riuniate si fattamente col vostro, e mio Dio, che mai più l'abbia a disgutare, ne ad abbandonare*»[56].

Si rialzò, si vestì in fretta senza badare troppo al suo abbigliamento e corse a raggiungere San Vincenzo che era lì ad attenderlo e, fatta una sincera confessione, prese ad intraprendere una vita così regolata ed esemplare che fu ammirato da quanti, conoscendolo prima, erano rimasti scandalizzati.

III. 2 *Un incerto percorso*

Se molti biografi sono concordi circa la data dell'inizio della missione, non lo sono altrettanto sui primi spostamenti e le prime tappe compiute dal Santo.

[55] *Ibid.*
[56] *Ibidem*, pp. 126-127.

Abbiamo già accennato nel capitolo precedente, che ancor prima del 22 novembre 1399 il Santo si era spostato fuori da Avignone, probabilmente verso la Spagna.

A Graus aveva avuto inizio il cammino della "Compagnia di Maestro Vincenzo". Si hanno notizie di un suo passaggio anche a Caldes De Montbui[57], dove guarì un bambino in preda a forti convulsioni. Il Santo rassicurò la madre del piccolo dicendole: «*Donna credi fermamente che questo figliuolo guarirà; anzi ti assicuro che sarà ecclesiastico e ti colmerà di consolazione*»[58]. Il piccolo si chiamava Giovanni Soler che in seguito fu consigliere e ambasciatore di pontefici e re, nonché insigne teologo e, dal 1458, Vescovo di Barcellona.

Nel mese di dicembre del 1399 San Vincenzo era a Carpentras[59], capoluogo del Contado Vanassino[60], appartenente quindi alle proprietà del papato. Al suo arrivo, i sindaci gli andarono incontro per offrirgli dei doni, come si usava fare nei riguardi delle persone importanti. I suo confratelli Domenicani lo trattarono magnificamente e gli offrirono un paio di scarpe nuove dal costo pari a una giornata di lavoro.

San Vincenzo predicò lì il 24 dicembre e la chiesa dei Domenicani si riempì. Erano presenti il Vescovo Jeahn Fillet[61] e

[57] Comune spagnolo situato a poco più di 25 km da Barcellona.

[58] A. Teoli, *Storia della vita e del culto...*, cit., p. 41.

[59] Comune francese situato nel dipartimento di Vaucluse, nella regione Provenza-Alpi-Costa Azzurra. Nel Medioevo fu la prima sede del papato "avignonese", per scelta di papa Clemente V, che vi stabilì la Curia dal 1313 fino alla sua morte (1314). Subentrando alla città di Venasque, dal 1320 fu capitale del Contado Venassino, *enclave* pontificia in Provenza. Venne integrata nello Stato francese solo negli ultimi anni del XVIII secolo, a seguito del Trattato di Tolentino. A Carpentras visse e studiò per alcuni anni Francesco Petrarca.

[60] Era una regione storica della Francia situata intorno alla città di Avignone, in Provenza. Comprendeva all'incirca le terre comprese tra i fiumi Rodano e Durance ed il Mont Ventoux.

[61] La presenza del Vescovo è riportata dal Fages, mentre nella cro-

tutta la magistratura. La presenza di dignitari, tanto ecclesiastici quanto civili, stava ad indicare che tutti attendevano da lui la pacificazione degli spiriti. La sua autorità era indiscussa: l'importanza del luogo e la gravità della situazione gli fecero prolungare il soggiorno fino al 12 gennaio 1400 (secondo il Fages, dopo la canonizzazione del Santo, i Domenicani consacrarono una Cappella nella Chiesa, che però oggi non esiste più perché distrutta).

C'è poi una lacuna di notizie fino al mese di ottobre e non sono molto chiari gli effettivi percorsi e gli spostamenti di questi mesi. Possibili informazioni farebbero presupporre invece una presenza del Santo ad Arles[62] dove predicò nella piazza antistante la chiesa di San Trofimo[63] (fino al 1883 portava il nome di *Piazza San Vincenzo*). Testimoni dell'epoca raccontarono che dopo gli Apostoli, nessun'uomo aveva pre-

notassi dei Vescovi di quel tempo risulta che la sede di Carpentras era vacante (1397-1424). Jeahn Fillet a quel tempo era Vescovo di Apt ma sembra che avesse anche l'incarico di Amministratore Apostolico di Carpentras. Nella stessa carica ebbe come successori Ludovico Fieschi (dal 1399 al 1403) e Benedetto XIII (dal 1403 al 1406).

[62] Città francese situata nel dipartimento delle Bocche del Rodano (regione della Provenza-Alpi-Costa Azzurra). La città ha un passato glorioso: emporio commerciale greco-massaliota, assunse caratteristiche propriamente urbane in età romana, divenendo una delle metropoli più fiorenti delle Gallie. Fu tra i massimi centri religiosi dell'Occidente romano e, di fatto, una delle capitali dell'Impero in età costantiniana. In epoca medievale fu capitale di uno stato, il regno di Arles, che si estese per gran parte della Francia centro-orientale e sud-orientale e dell'odierna Svizzera.

[63] La chiesa oggi visibile fu edificata tra il 1100 e il 1152 e dedicata a *Saint Trophime* (San Trofimo), ritenuto primo vescovo della città. Nel 1178 l'imperatore Federico I Barbarossa vi venne incoronato re di Arles. A seguito del Concordato del 1801, fu declassata a semplice chiesa parrocchiale. Nel 1882 fu eretta a Basilica minore da papa Leone XIII. Saint-Trophime rappresenta uno dei monumenti più importanti del romanico provenzale.

dicato con simile autorità, tanto che pure i giudei assistevano ai suoi sermoni.

III. 3 *Apostolato in Provenza*

Escludendo quindi un possibile spostamento verso la Spagna, la Provenza[64] sarebbe stata la prima zona che San Vincenzo avrebbe percorso agli inizi dell'apostolato. Iniziò da lì perché quella fu la terra che udì per prima la predicazione dell'Apostola degli Apostoli: Maria Maddalena[65].

Diceva infatti San Vincenzo: «*Tanta era la grazia che aveva sulle sue labbra questa Sacra Apostola per aver baciato tante volte le mani e i piedi di Cristo, che convertì al Signore tutta la Provenza*»[66].

Egli arrivò ad Aix[67], capitale della Provenza, il 27 ottobre

[64] Antica provincia del sud-est della Francia, che si estendeva dalla riva sinistra del Rodano inferiore a ovest fino all'attuale confine con l'Italia a est, e delimitata a sud dal Mar Mediterraneo. Corrisponde in gran parte all'odierna regione Provenza-Alpi-Costa Azzurra.

[65] Secondo alcune leggende, ma anche sulla scorta del *breviario* della diocesi di Aix en Provence, dopo la morte di Gesù si perpetrò presto una persecuzione da parte degli Ebrei. Marta, Maria Maddalena, Lazzaro, Maria Salomè, Maria di Giacomo vennero arrestati e imbarcati su una nave priva di vele e di remi che, guidata dalla Provvidenza, raggiunse le rive della Provenza. Ciascuno dei personaggi avrebbe preso strade diverse nella predicazione. Dopo l'Evangelizzazione di questi territori, Maria di Magdala (Maddalena) si ritirò in eremitaggio nella grotta della Sainte Baume, dove visse trent'anni in solitudine e penitenza. Avvertita dal Cielo della sua morte imminente, avrebbe ridisceso il lungo cammino per incontrare Saint Maximin, che era divenuto il primo vescovo di Aix, dal quale volle ricevere la Comunione. Maddalena sarebbe quindi morta tra le braccia di San Massimino (Saint Maximin) e sepolta nel punto dove oggi sorge la basilica a lui intitolata.

[66] J. Teixidor, *Vida de San Vicente Ferrer...*, cit., p. 253.

[67] Città situata nel dipartimento delle Bocche del Rodano, nella regio-

del 1400 rimanendovi fino al 1° dicembre. Da qui si recò a Marsiglia[68] dove predicò durante tutto l'Avvento e le feste del Natale, fino al 29 dicembre. Dal 3 al 10 gennaio 1401 è di nuovo ad Aix-en-Provence. C'è un'annotazione nel registro del Convento che riporta una donazione di 12 fiorini fatta *«per l'amore di Dio nell'occasione di Maestro Vincenzo Ferrer»*.

Fino al 17 marzo, poi, percorse i vicini paesi della Provenza anche se non sappiamo con esattezza quali. Certamente passò nella città di Sisteron[69]: riportano le cronache che le stesse fazioni di guelfi e ghibellini non riuscirono a resistere dal pacificare le loro liti davanti alla presenza del Santo. Sembra che addirittura gli amministratori della città volessero ricompensarlo economicamente per i servizi che rese alla città e a tutti i cristiani.

Dopo Sisteron è probabile che abbia attraversato Cavaillon e Apt[70] ma non se ne ha piena certezza. Dal 17 marzo è di nuovo a Marsiglia dove predica fino al mercoledì di Pasqua che in quell'anno cadeva il 6 aprile.

ne della Provenza-Alpi-Costa Azzurra. Raggiunse l'apice del suo sviluppo solo dopo il XII secolo, quando, sotto i casati degli Aragonesi e degli Angioini, si trasformò in un centro artistico e culturale. Con il resto della Provenza, entrò a far parte del regno di Francia nel 1487.

[68] È la più grande città della Francia meridionale, capoluogo della regione Provenza-Alpi-Costa Azzurra e del dipartimento delle Bocche del Rodano, oltre che il primo porto della Francia e del Mediterraneo, il quinto a livello europeo. Fondata dai Greci, è una delle più antiche città francesi.

[69] Comune francese situato nel dipartimento delle Alpi dell'Alta Provenza, della regione della Provenza-Alpi-Costa Azzurra e della valle della Durance. Nel VI secolo divenne sede di un vescovado e nel XI secolo piazzaforte dei conti di Forcalquier. In seguito passò ai conti di Provenza della quale costituì la frontiera a nord. Nel 1483 passò in eredità a Luigi XI che la ricongiunse al regno di Francia.

[70] Comune francesi situati nel dipartimento della Vaucluse, nella regione della Provenza-Alpi-Costa Azzurra.

Da qui si recò nel Delfinato, dove percorse predicando ogni luogo e incontrando nel 1401 e nel 1402, a Romans[71], il suo Maestro Generale dell'Ordine, Jean de Puynox, chiedendo la benedizione per la missione intrapresa.

In questo tempo, ci comunica il Teixidor, ricevette molte lettere dai suoi devoti che erano in Lombardia e che chiedevano di passare a beneficare quella provincia. Accondiscese a quella richiesta e, nel giugno del 1402, dalla regione del Delfinato si avviò verso i territori dell'Italia del Nord.

III. 4 *La provincia delle Alpi e la Lombardia*

Quanto abbia fatto e quali luoghi abbia toccato San Vincenzo dopo il giugno del 1402 lo apprendiamo da una lettera che egli indirizzò, da Ginevra, al suo Maestro Generale il 7 dicembre del 1403.

«*Reverendissimo Padre e Maestro,*
a motivo delle incredibili occupazioni che mi assorbono, io non ho ancora potuto scriverle, come è mio dovere. Da quando ho lasciato Romans fino a oggi, dovetti predicare tutti i giorni al popolo, che accorre da ogni parte; spesso ho dovuto predicare due e perfino tre volte al giorno, oltre a celebrare e cantare solennemente la Messa. Il viaggio, il pasto ordinario, il sonno e gli altri esercizi appena mi lasciano un istante di tempo; bisogna persino che prepari le mie prediche viaggiando. Tuttavia, perché lei non attribuisca il mio silenzio a una certa negligenza o disprezzo, dopo molti giorni, molte settimane e molti mesi, rubo un momento alle mie occupazioni per informarla, almeno brevemente, del cammino che ho percorso.

Lei saprà dunque, Reverendissimo Padre, che, dopo aver lasciato

[71] Comune francese situato nel dipartimento dell'Ain, nella regione del Rodano-Alpi.

Romans ed essermi da lei separato l'ultima volta, ho predicato tre mesi interi nel Delfinato, annunziando il Regno di Dio nelle città e nei villaggi, dove non ero ancora andato. Ho visitato soprattutto nella diocesi d'Embrun quelle tre famose valli eretiche, di cui l'una è Lucerna, l'altra Argentiera e la terza Valpura. Le avevo già visitate due o tre volte, e, grazie a Dio, avevano accolto con molto rispetto e devozione gli insegnamenti della verità cattolica; ma ho voluto visitarle di nuovo per confermarle maggiormente nella fede. In seguito, invitato e richiesto da una folla di gente, sia a viva voce sia per iscritto, mi sono recato in Piemonte e Lombardia, dove ho predicato continuamente durante un anno e un mese, in tutte le città, in tutti i borghi e villaggi, tanto dell'una che dell'altra obbedienza, e son pure penetrato nel Monferrato, pregato dal principe che lo governa e dai suoi sudditi.

In quelle contrade situate oltr'Alpe vi trovai molte valli piene d'eretici, di Valdesi o di Catari perversi, soprattutto nella diocesi di Torino, che ho percorso. Visitai una per una queste popolazioni ovunque predicando la fede e le verità della dottrina cattolica e combattendo gli errori: per misericordia di Dio, esse hanno ricevuto con molto fervore, con grande sentimento di pietà e di profondo rispetto, la verità della fede, aiutandomi il Signore con la sua grazia e confermando con miracoli le mie parole.

Ho notato che la causa principale degli errori e delle eresie era la mancanza di predicazione e l'ho appreso dagli stessi abitanti; da ben trent'anni nessuno aveva loro predicato, all'infuori di qualche eretico valdese, che da Apulea veniva due volte l'anno a disseminarvi la zizzania dell'errore. Da questo appare, Reverendissimo Maestro Generale, quant'è grande la colpa dei prelati e degli altri sacerdoti, che, obbligati dalla loro professione e dalle loro cariche a predicare a queste popolazioni, preferiscono starsene nelle grandi città a riposarsi in belle camere e a circondarsi di divertimenti! Ahi! "Non c'è nessuno che spezzi il pane a questi pargoli"; "la messe è abbondante, ma gli operai sono pochi: io scongiuro quindi il Padrone della messe, che mandi nel suo campo numerosi operai".

Nulla qui io le dirò di quel vescovo degli eretici, che ho incontrato in una valle chiamata Loferio e che si è convertito, dopo aver avuto con me un incontro; delle scuole dei Valdesi che ho trovato nella vallata d'Angrogna e che furono chiuse; dei Catari di Val del Ponte e del modo con cui rinunciarono ai loro abominii; degli eretici di Val di Lanzo, dove un tempo si sono rifugiati gli assassini del Beato Pietro di Ruffia martire, e della condotta che essi tennero verso di me; e neppure accennerò alla cessazione di discordie, alla riconciliazione tra Guelfi e Ghibellini, alla confederazione generale di questi partiti e alle altre opere senza numero, che Dio s'è degnato operare per sua gloria e a bene della anime. Mi contento che Dio sia benedetto in ogni cosa!

Dopo essermi trattenuto tredici interi mesi nella Lombardia, sono entrato, cinque mesi or sono, nella Savoia. Chiamato a più riprese e con molto affetto dai prelati e signori di questo paese, visitai le quattro Diocesi d'Aosta, di Tarantasia, di San Giovanni di Moriana e di Grenoble, che ha una gra parte del suo territorio nella Savoia. Durante tutto questo giro nelle città, borghi e villaggi, dove mi sono fermato più o meno a lungo, ho predicato secondo che giudicato necessario.

Al presente mi trovo nella Diocesi di Ginevra. Tra altre enormità ho trovato in questo paese un errore molto diffuso; all'indomani della festa del Santissimo Sacramento, vi si celebra ogni anno solennemente la festa dell'Oriente, e vi sono istituite delle confraternite sotto il nome di S. Oriente. I nostri Frati, i Frati Minori, altri religiosi e perfino i curati mi han detto, che essi non osano più né predicare, né dire nulla contro quest'errore, tanto ne sono spaventati con minacce di morte e con la privazione delle offerte e delle elemosine. Io ho predicato tutti i giorni, insistendo principalmente contro quest'errore, e, con l'aiuto di Dio che ha confermato la mia predicazione, l'errore è stato efficacemente estirpato. Sentendo quanto errassero nella loro fede, questi popoli ne furono presi da grande dolore.

Ora che quest'illusione è stata, per grazia di Dio, prontamente e completamente sradicata, io debbo entrare nella diocesi di Losanna, dove le popolazioni osservavano ancora ciò che è stato recentemente abolito presso i loro vicini: là comunemente e manifestamente si adora il sole come Dio, soprattutto i paesani gli rendono culto e gli rivolgono devotamente le loro preghiere ogni mattino. Il Vescovo di Losanna ha fatto due o tre giornate di cammino per venire da me, e umilmente e di tutto cuore mi ha pregato di visitare la sua diocesi, in cui vi sono molte città eretiche, sparse sulla frontiera di Germania e di Savoia: e io glielo promisi. Ho saputo anche che gli eretici di queste vallate sono molto temerari e audaci; ma, confidando in Dio e nella sua consueta misericordia, io mi propongo di trovarmi in mezzo a loro al principio della quaresima e, qualunque sia la volontà di Dio, desidero che si compia.

Il mio compagno Antonio e io, Reverendissimo Padre, ci raccomandiamo umilmente alle sue preghiere. Che il Figlio della Vergine la conservi lungamente per il buon esempio e il mantenimento della santa regolare osservanza. Così sia.

Finito di scrivere nella città di Ginevra il 17 dicembre 1403
l'umile servo di Cristo e suo umile figlio
Fr. Vincenzo, predicatore»[72].

Questa lettera fu conservata dal Maestro Generale come una reliquia e quando Papa Martino V[73] lo nominò Arcivescovo di Catania egli la fece inserire in uno splendido reliquiario d'argento, custodito nella Chiesa di Santa Maria *"la Magna"*. Padre Fages ci testimonia che nella metà dell'Ottocento quella lettera esisteva ancora perché egli ebbe modo di vederla.

[72] U. Tomarelli, *San Vincenzo Ferreri...*, cit., pp. 95-98.

[73] Oddone Colonna, nato a Genazzano nel 1368. Fu eletto nel 1417 dal Concilio di Costanza, che doveva risolvere lo scisma prodottosi nella Chiesa a seguito del trasferimento della curia da Avignone a Roma. Morì a Roma il 20 febbraio 1431.

Nelle contrade visitate la memoria del Santo era ancora profondamente viva: in merito a ciò, un gesuita, Padre Rossignol de Vallouise, in un viaggio molto accidentato attraverso paesi che non sono da meno ha voluto fissare l'itinerario percorso dell'apostolo dell'Europa nell'opera dal titolo "*La via di San Vincenzo*".

III. 5 *Sarà frate francescano e luminare della Chiesa*

Uno dei tanti punti controversi nella vita del nostro Santo è l'incontro con Bernardino Albizzeschi da Siena.

Facendo una ricerca accurata è possibile notare come solo i biografi domenicani parlino di questo incontro tra l'apostolo valenziano e il Santo senese. Le biografie dell'Albizzeschi, e quindi i francescani, non ne fanno menzione. Solo nel testo di Padre Vittorino Facchinetti O.F.M. viene dato ampio spazio a questo evento che segnò, secondo la tradizione domenicana, la vita di San Bernardino.

Preferisco quindi riportare le parole all'autore francescano piuttosto quelle del "versante domenicano". L'anno è 1402, il giorno, secondo il Fages, l'8 settembre.

«*Ed ecco come a me piace ricostruire l'episodio. Avendo dunque l'Albizzeschi udito parlare del grande predicatore, la cui fama aveva orai riempito l'intera Europa, ebbe desiderio di conoscerlo e fors'anche senti il bisogno di un suo consiglio. E scese un bel giorno dalle colline di Siena, attraversò frettolosamente la Toscana e l'Emilia e, toccata Piacenza, raggiunse in breve Alessandria, dove appunto si trovava il prodigioso missionario.* [...] *Per ascoltare il Ferreri – continuano gli storici – tutti abbandonavano le usate occupazioni, gli operai le loro officine, gli avvocati il palazzo di giustizia, i campagnoli le loro vigne e le donne perfino lo specchio. Tale l'uomo di Dio che Bernardino era venuto a vedere, udire, consultare. Né la sua grande aspettativa fu delusa quando confuso tra la folla, poté ascoltare lo straordinario profeta che dall'alto del pulpito, sovra un mare di gente, arringava l'immenso uditorio, facendolo fremere e sussultare di commozione profonda. Dopo la predica volle assolutamente avvicinarlo, aprirgli il suo cuore, chiedergli suggerimenti e consigli, riceverne la benedizione; e, quando il giovane, ancora tremante di commozione, si trovò davanti al venerando missionario, Vincenzo a sua volta rimase stupito per tanto candore e tanta modestia e illuminato da Dio comprese di essere dinnanzi ad un'anima singolare. Egli vide nel nobile senese il suo futuro successore e l'emulo del suo zelo apostolico, attraverso le contrade d'Italia. Lo trattenne perciò alla sua parca mensa, discorse a lungo con lui sulle necessità e dei bisogni spirituali del popolo cristiano, gli fu largo d'ammaestramenti e consigli. Infine, lo abbracciò e lo benedisse nel nome del Signore: si rinnovava così il suggestivo abbraccio dei loro grandi Patriarchi Domenico e Francesco, reso popolare dai gruppi del Della Robbia e dagli affreschi dell'Angelico e di Benozzo Gozzoli. Ma v'ha di più: il giorno seguente, mentre Bernardino per l'ultima volta pendeva, tra la folla, dalle labbra del prodigioso oratore, si udì il Ferreri, interrotto ad un tratto il discorso, esclamare: "Sappiate fratelli, che c'è in mezzo a voi un certo religioso francescano, il quale da qui a pochi anni sarà celebre in tutta Italia e riporterà con la sua dottrina e le sue virtù magnifici frutti di apostolato, in mezzo al popolo cristiano: e quantunque io sia più vecchio di lui, tuttavia egli sarà onorato prima di me nella chiesa di Dio"*»[74].

Certamente qualcuno potrà sollevare la questione della attendibilità dell'evento, ma è proprio il Facchinetti che, richiamando i biografi domenicani, fuga ogni dubbio dicendo: «*quanto poi all'istoricità del fatto stesso, mi pare non si debba onestamente dubitarne, sospettando – dato il silenzio dei biografi del Senese – una pia invenzione degli agiografi domenicani, allo scopo di accrescere la gloria del loro già tanto celebre confratello*

[74] V. Facchinetti, *S. Bernardino da Siena*, Casa Editrice Santa Lega Eucaristica, Milano 1933, pp. 53-56.

e ammantarsi un poco anche degli splendori dell'Albizzeschi; per la regione che la prima fonte, da cui il racconto deriva, è troppo seria perché non sia attendibile. Noi infatti troviamo la narrazione dell'avvenimento nella Vita auctore Petro Ranzano Ordinis praedicatorum dein Episcopo Lucerino. Ora questo siciliano (era nato a Palermo) che si fece domenicano non fu soltanto oratore celeberrimo, ma anche storico accreditato, autore di parecchie opere agiografiche, e scrisse la vita del suo illustre confratello in occasione della sua canonizzazione, vale a dire nel 1455 (quando dunque Bernardino era appena morto da undici anni e canonizzato da cinque), derivandola dai processi istituiti intorno alla vita ed ai miracoli del Ferreri in Avignone, Venezia, Tolosa e Napoli»[75].

III. 6 *Piemonte, Monferrato e la Beata Margherita di Savoia*

Tra il territorio di Genova, il Piemonte e il milanese c'era incastonato un piccolo stato che si chiamava Monferrato, governato da sovrani indipendenti per sei secoli di gloria. Trino prima e Casale dopo, ne furono le capitali.

In questo stato, al margine di un grazioso corso d'acqua figlio delle grandi montagne, sorgeva un'antica città romana, *Alba Pompeia*. La si riconosceva per il suo gran numero di torri, metà come punti di belvedere e metà come punti di osservazione. In quella città, vi era il convento dei Domenicani, dove il Santo fu ospitato. Qui, un rinomato predicatore, Fra Teobaldo, si offrì di cedergli la sua cella: «*Desideroso questo di far pruova della santità del suo ospite, aprì pianamente la cella, mentre v'era dentro il Santo, con una chiave, che duplicata egli s'era ritenuta, e quantunque in una tessa notte replicasse ciò più volte, sempre lo trovò assorto in orazione, o a studiare, o a discorrere con alcuno, che non compariva alla sua vista, onde ragionevol-*

[75] *Ibidem*, p. 52.

mente giudicò, che i colloqui di lui fussero fatti col Redentore, che si fosse degnato di visitarlo e istruirlo dell'eterne sublimi verità».

Non ci è difficile ricordare l'esperienza analoga che fece donna Iolanda, figlia spirituale del Santo, della quale abbiamo parlato nel Volume II.

A questo convento di Alba si aggiunse più tardi quello fondato dalla Beata Margherita di Savoia, la cui vocazione domenicana è da ricondurre certamente all'incontro con San Vincenzo. Ella nacque a Pinerolo nel 1392 e, rimasta orfana, passò con la sorella Matilde sotto la tutela dello zio Ludovico. Proprio negli anni della giovinezza di Margherita, San Vincenzo percorse quelle contrade e la sua predicazione e i suoi insegnamenti penetrarono il giovane animo di Margherita.

Dalla biografia di due Beati (Aimone Taparelli[76] e Antonio Pavoni[77]) sappiamo infatti che intorno al 1402, San Vincenzo predicò nella chiesa di San Donato in Pinerolo e percorse per tre mesi tutti i luoghi di quella zona.

[76] Taparelli, dei conti di Lagnasco, nacque a Savigliano, in Piemonte, nel 1398. Entrò nell'ordine dei Predicatori all'età di 50 anni, dopo la morte della moglie e dei figli. Fu docente all'Università di Torino, confessore di Amedeo IX duca di Savoia, Inquisitore per la Lombardia superiore e la Liguria, priore del convento di Savigliano e Vicario provinciale dell'Ordine. Morì nel 1495 nel giorno dell'Assunta, come lui stesso aveva predetto.

[77] Nacque a Savigliano nel 1325 ed entrò nel convento domenicano di S. Domenico. Nominato Inquisitore della Fede per la Lombardia e la Liguria, niente sfuggì al suo vigile zelo. I tanti errori, specialmente quelli dei Valdesi, furono smascherati, ed innumerevoli anime confermò nella fede o ridusse a verace penitenza, trionfando sempre con la sua illuminata carità. Divenne così il bersaglio degli avversari che spiavano il momento propizio per ucciderlo. Con celeste lume presagì il suo imminente sacrificio è ne dette annunzio con la sua solita grazia, dicendo di essere invitato a nozze, e perciò pregò che la rasura gli fosse fatta con speciale cura. Il 9 aprile 1374, domenica *in Albis*, celebrò la messa con più acceso fervore, annunziò ancora la parola di verità e, nello scendere dal pulpito, assalito dagli eretici fu orribilmente massacrato.

Gia da tempo Margherita era orientata al chiostro e l'incontro con il grande predicatore domenicano non fece altro che confermare e irrobustire la sua vocazione.

Tuttavia a motivo di grandi problemi che intercorsero tra gli stati di Piemonte e Monferrato tutti guardarono a Margherita come strumento di pacificazione. Con cuore generoso Margherita, nel 1403, accettò di sposarsi con il Marchese di Monferrato Teodoro II *il Paleologo*. Quindici furono gli anni di matrimonio e Margherita si spese in pieno per essere la saggia consigliera di suo marito e la madre premurosa dei suoi sudditi. Nel 1418 Margherita rimase vedova e, dopo aver accompagnato alla maggiore età il figliastro Giovanni, si ritirò ad Alba nel suo castello con alcune donne di corte.

La protezione di San Vincenzo mai la abbandonò: una notte, mentre la Beata era in preghiera nella sua stanza, il Santo le apparve indicandole la strada da seguire. Era il 1419: qualche mese dopo la morte del Santo.

San Vincenzo, conquistatore pacifico, entrò in quelle terre senza curarsi delle lotte e degli scontri che vi erano. A Torino predicò tra agosto e settembre del 1402 (in quell'occasione, fu deliberato di offrire al Convento dei Domenicani sei ettolitri di vino. Il cuoco accanto al nome di Vincenzo Ferrer, nel conto della cucina, aggiunse le parole «*grande predicatore*».

Il *Chronicon Cunei* riporta che «*un uomo di straordinaria santità, predicava l'amore reciproco e la concordia tra i cittadini; ottenne che le fazioni cessassero e che le varie parti si unissero per il bene comune*»[78].

Non sappiamo con certezza se predicò a Ivrea, tuttavia, secondo notizie dell'Ottocento, a Pont vi era ancora il suo ricordo in un altare divenuto mèta di pellegrinaggio.

A Locana la valle porta il suo nome e il suo passaggio è testimoniato da una serie di piccole cappelline con la sua effige.

[78] Cfr. P. Fages, *Histoire de Saint Vincent Ferrier*, cit., p. 141.

Particolare rilevanza avrà la testimonianza che dalla Lombardia, dal Delfinato e dal Piemonte sarà fatta al processo di canonizzazione, per il lavoro che il nostro Santo svolse in quelle terre.

III. 7 *Savoia, Svizzera e Lione*

Nel 1403 troviamo San Vincenzo ad Annecy[79] dove due luoghi ricordano il suo passaggio: il Convento del Santo Sepolcro e la chiesa di Notre Dame de Liesse. Quest'ultimo è un santuario molto antico al quale, il 31 agosto 1395, Benedetto XIII aveva concesso il titolo di collegiata. Qui vi si celebrava ogni anno il "Grande Perdono" al quale i Pontefici donarono delle indulgenze. La festività durava tre giorni: 7, 8 e 9 settembre. Il Papa permise a Vincenzo Ferrer solo per l'anno 1403 di prolungarlo fino al 12 dello stesso mese.

Quando due secoli più tardi in quella città giungerà San Francesco di Sales[80], nel suo cuore benedirà l'illustre antena-

[79] Comune francese dell'Alta Savoia, nella regione del Rodano-Alpi. Dopo l'estinzione della famiglia di Ginevra nel 1394, il cui ultimo rappresentante fu Roberto di Ginevra, divenuto antipapa col nome di Clemente VII, la contea fu integrata nei possedimenti dei Savoia nel 1401, passando sotto l'autorità di Amedeo VIII, primo Duca di Savoia.

[80] Nacque a Thorens-Glières il 21 agosto 1567. Figlio primogenito del signore di Boisy, nobile di antica famiglia savoiarda, ricevette una raffinata educazione. Il padre, che voleva per lui una carriera giuridica, lo mandò all'Università di Padova, dove Francesco si laureò, ma dove decise di diventare sacerdote. Ordinato il 18 dicembre 1593, fu inviato nella regione del Chiablese, dominata dal Calvinismo, e fu costretto a trasferire la sua sede ad Annecy. Si dedicò soprattutto alla predicazione, prediligendo il metodo del dialogo: inventò i cosiddetti «manifesti», che permettevano di raggiungere anche i fedeli più lontani. San Francesco di Sales, vescovo di Ginevra e dottore della Chiesa, è il più importante e celebre santo della Savoia. Morì a Lione il 28 dicembre 1622 fu proclamato

to d'apostolato. Ci riporta un vescovo suo successore: «*Tra tutti gli ordini religiosi che il signore di Sales amava, quello di San Domenico teneva il primo posto. Egli aveva una particolare devozione al glorioso San Vincenzo Ferrer, questo grande ed apostolico predicatore taumaturgo, della cui presenza e predicazione la città di Annency fu più volte onorata*»[81].

Salendo verso la Svizzera percorse la Diocesi di Belley dove esisteva una certosa celebre con il nome di Notre Dame de Pierre Chatel.[82] Un giovane uomo chiamato Giovanni Placentis fece la professione nel tempo in cui Vincenzo Ferrer predicò in quelle zone. Egli chiese ed ottenne il permesso di seguire il Santo nella sua compagnia.

A Pierre Chatel durante i tre giorni in cui soggiornò, egli predicò e celebrò su una piattaforma elevata al di fuori del convento. Alcuni biografi non escludono che da Pierre Chatel non si sia spinto fino a Lucerna[83].

Altre testimonianze ci narrano ancora che il 5 marzo 1404 San Vincenzo fece il suo ingresso a Friburgo[84]. La Compagnia di San Vincenzo fu trattata con tutti gli onori. Egli predicò 5 giorni a Friburgo, dalla quarta domenica di Quaresima (9 marzo 1404) al giovedì seguente (13 marzo).

santo nel 1665 da papa Alessandro VII. È uno dei dottori della Chiesa.

[81] Cfr. P. Fages, *Histoire de Saint Vincent Ferrier*, cit., p. 145.

[82] La certosa di Pierre Chatel fu fondata il 28 settembre del 1383 dal conte di Savoia Amedeo VI, che dispose l'insediamento dei certosini nell'omonimo castello *Castrum Petra*. Questo luogo fu contemporaneamente sede dell'Ordine dei Cavalieri della Santissima Annunziata. La chiesa fu consacrata nel 1394; la comunità monastica godette di anni di prosperità, turbati solo dalle guerre di religione che si susseguirono tra il XV ed il XVI secolo.

[83] Città del centro-nord della Svizzera nella zona di lingua tedesca, è la capitale dell'omonimo cantone e capoluogo dell'omonimo distretto. È posta sulle rive nord-occidentali del Lago dei Quattro Cantoni.

[84] Città della Svizzera occidentale, capitale del cantone omonimo. È al centro della regione storica della Nuitonia.

Soggiornò poi 2 giorni a Morat[85] e due giorni a Payerne[86]. Andò poi ad Avenches[87] dove stette 18 e 19 marzo e si diresse verso Estavayer-le-Lac[88] dove predicò cinque volte, sia al popolo sia al clero e ai religiosi domenicani. In questa Quaresima sappiamo anche che, invitato insistentemente dal Vescovo della città di Losanna[89], vi andò per predicare.

Ridiscese poi verso Lione passando prima per Chambery[90] dove si trattenne un po' di tempo. Qui predicò e pose la prima pietra del Convento dei Domenicani in cui sono conservate le reliquie della sua cappa, del suo bastone, un messale e un suo cappello.

Da Chambery arrivò a Lione[91] dove arrivò il 6 settembre 1404. Il Teoli ci riporta la traduzione di una fedele relazione custodita nell'Archivio della Metropolitana: «*A perpetua memoria. Sia notificato a tutti i fedeli cristiani, qualmente l'anno del Signore 1404, giorno di sabato 6 del mese di settembre, un certo valenzano religioso dell'ordine de' predicatori maestro in teologia detto maestro Vincenzo Ferreri il quale scorreva pel mondo predicando la divina parola come la predicavano gli apostoli, con gran fervore di divozione e senza mercede veruna delle sue fatiche pervenne a*

[85] Comune del Canton Friburgo (Svizzera), sull'omonimo lago.

[86] Comune del Canton Vaud.

[87] Comune del Canton Vaud.

[88] Comune del Canton Friburgo, sul lago di Neuchâtel.

[89] Capitale del Canton Vaud e dell'omonimo distretto. Dopo la caduta dell'Impero Romano d'Occidente l'insicurezza costrinse gli abitanti a trasferire Losanna dove si trova oggi, in una località più semplice da difendere, a causa delle sue colline. La città fu in seguito governata dai Duchi di Savoia e dal Vescovo di Losanna.

[90] Comune francese, capoluogo del dipartimento della Savoia, della regione del Rodano-Alpi.

[91] Città della Francia sud-orientale, capoluogo della regione Rodano-Alpi. Lione è la terza città della Francia dopo Parigi e Marsiglia. La città sorge alla confluenza del Rodano e della Saona. Nel XIII secolo vi si tennero due concilii.

Lione, ove predicò solennemente nel chiostro della metropolitana, dopo aver prima celebrata la messa nel suo convento de' predicatori; come anche nella domenica seguente, vigilia della natività della gloriosa Vergine Maria, presente il padre in Cristo e signore Filippo di Turrejo per divina provvidenza arcivescovo di Lione con grandissima copia di popolo. Il che si fece ancora nella festa della natività della medesima beata Maria, celebrata prima la messa nel sopradetto convento; sebbene per l'affluenza della moltitudine di gente che era venuta a Lione per udire la predica del religioso valenzano, predicò solennemente di là dal ponte del Rodano in un gran preto della Chiesa di Santa Maria Maddalena. Parimente nel seguente martedì fattasi preventivamente e fabbricata in quel prato una piccola cappella di legname vagamente ornata e tappezzata, celebrò ivi la messa con gran solennità alla presenza di tutto il popolo congregato, e colla assistenza del reverendissimo nostro arcivescovo sopradetto, e terminata la messa immediatamente ivi predicò molto solennemente. Il che fece parimente nel giovedì e in tutti gli altri giorni di quella e della seguente settimana, fino all'altro lunedì. Trattanto in alcuni giorni oltre le prediche sopradette, sermoneggio ne' conventi e chiese de' religiosi; ed in un venerdì alle persone ecclesiastiche nel coro della Chiesa maggiore, esclusi tutti i secolari. E terminata l'ultima predica del lunedì, (22 settembre 1404) subito si partì senza più entrare nella città, incamminatosi verso S. Sinforiano di Alzano per predicare a quel popolo. Dobbiamo aggiungere che, sino che stette in Lione, la moltitudine dei malati che venivano a Lui ogni giorno era così grande che era impossibile contarli. Ed il medesimo religioso valenzano in alcune ore del giorno visitava i malati che non potevano andare da lui, li toccava e recitava molte preghiere. Li guariva tutti con l'imposizione delle mani»[92].

Lione fu testimone anche di un episodio caratteristico, raccontato direttamente dal Santo in uno dei suoi sermoni. Un giorno un soldato, particolarmente toccato dalla predi-

[92] A. Teoli, *Storia della vita e del culto...*, cit, p. 46.

cazione di San Vincenzo decise di andarsi a confessare da un sacerdote della Compagnia di San Vincenzo. Il confessore come penitenza gli impose di prendere parte alla processione dei disciplinanti ma egli rifiutò categoricamente di sottoporsi ad una simile umiliazione. Il confessore non riuscì in alcun modo a vincere la testardaggine del penitente e chiese ed ottenne di riferire il fatto a San Vincenzo. Il Santo rispose di chiedere al penitente di partecipare alla processione ma lo dispensò dalla flagellazione. Il soldato accettò la penitenza mitigata ma, quando vide in processione anche i ragazzi flagellarsi, pieno di rammarico e di contrizione chiese un flagello e iniziò a percuotersi con tutte le sue forze.

Capitolo IV

Missione Nord-Sud-Ovest-Est

Preso atto che non è facile ricostruire tutti i percorsi che San Vincenzo intraprese, ho cercato di fare una sintesi di quelle che sono le varie versioni presenti nelle biografie, che collocano in diversi anni, e più volte, le visite negli stessi luoghi.

Ciò che rende più difficile il lavoro è anche la impossibilità di porre un confronto con i testi della storia i quali non considerano assolutamente la presenza di San Vincenzo nelle vicende dello Scisma e quindi del papato.

Aggiungiamo anche che tutti i biografi narrano la vita del Santo facendo solo qualche piccolo accenno senza espliciti e precisi riferimenti cronologici.

IV. 1 *Francia del Nord, Belgio e... Inghilterra?*

Conclusa la missione a Lione, il Santo salì nel Ducato di Lorena[93] dove predicò a Toul[94]. Lo ritroviamo poi, più a nord, nelle Fiandre, a Lille[95]. In quel tempo, il principale centro dei

[93] In origine Alta Lorena, era un ducato corrispondente all'attuale regione della Lorena nel nord est della Francia. Territori dell'ex ducato sono ora parte del Belgio, del Lussemburgo e della Germania. La capitale storica era Nancy. Altri centri importanti erano Metz, Verdun ed Épinal.

[94] Comune francese situato nel dipartimento della Meurthe e Mosella, nella regione della Lorena.

[95] Città della Francia settentrionale nel Dipartimento del Nord, capoluogo della regione Nord-Pas-de-Calais, situata a poca distanza dal confine con il Belgio. Fu fortificata al principio dell'XI secolo dai conti di Fiandra e ceduta nel 1312 alla Francia; passò poi sotto la dominazione della Borgogna, dell'Austria e della Spagna; nel 1713 venne restituita alla Francia.

commerci marittimi tra Europa settentrionale e Mediterraneo era la città di Bruges[96].

Alla fine dell'800, negli archivi di Lille, si conservava ancora un manoscritto di Ambrogio Causin ("*Storia dei Frati Predicatori*") nel quale si leggeva: «*San Vincenzo Ferrer Taumaturgo del suo secolo, onora questo convento della sua presenza l'anno 1405 durante la sua missione apostolica che era accompagnata da prodigi e miracoli senza numero*»[97].

La visita del Santo è testimoniata dal fatto che intorno all'altare maggiore della Basilica di Lille si trovano quattro statue dei più grandi santi che hanno onorato la città della loro presenza: San Bernardo, San Luigi, San Tommaso di Canterbury e San Vincenzo Ferrer. Gli sarà dedicata poi, anche una Cappella con vetrate commemorative dei principali avvenimenti della sua storia.

Anche la città di Douai[98] conserva nella sua biblioteca un testo tratto da un libro stampato nel 1627 dal titolo "*Vita e opere memorabili di Santi personaggi che hanno vissuto nei Paesi Bassi*". Dopo aver narrato di Sant'Alberto Magno e San Tommaso d'Aquino, continua: «*un altro ti riguarda più profondamente cara Patria, e fu un angelo che divenne il guardiano delle tue porte. Fu colui che evangelizzò ovunque «volando in mezzo al cielo» e portando la Parola di Dio in tutta la cristianità e in tutta la terra conosciuta: «temete Dio e dategli onore perché viene l'ora del suo giudizio». Fu il buon Vincenzo, nativo di Valencia, della Fa-*

[96] Città del Belgio, capoluogo e maggiore città delle Fiandre occidentali, nella Comunità fiamminga. Le prime fortificazioni furono realizzate dopo la conquista dei Menapi da parte di Giulio Cesare nel I secolo a.C. Nel XV secolo Filippo il Buono, duca di Borgogna, stabilì una corte anche a Bruges, oltre che a Bruxelles e Lille, attraendo nella città numerosi artisti, banchieri e altre eminenti personalità dell'epoca, provenienti da tutta Europa.

[97] P. FAGES, *Histoire de Saint Vincent Ferrier*, cit., p. 178.

[98] Comune francese situato nel Dipartimento del Nord, nella regione del Nord-Pas-de-Calais.

miglia Ferrer, illustre per le sue origini, ma non meno illustre per la sua pietà. Egli ottenne il comando dell'Onnipotente di attraversare tutte le province della cristianità per avvertirle saggiamente di ravvedersi perché la giustizia divina era prossima. Questo zelo lo fece giungere fino a noi, e nonostante i re e i potentati di Francia, Spagna, d'Inghilterra, di Germania e la stessa Africa desiderassero e lo scongiurassero con i loro ambasciatori, di volerli gratificare con la sua presenza, egli preferì noi. Dio sa quanto edificò i popoli e le città che ascoltarono le sue buone e sante istruzioni. Le mura delle chiese erano troppo piccole per contenere l'affluenza dei suoi uditori. Aveva sempre un ora ogni giorno per la guarigione dei malati e pur parlando la sua lingua cioè lo spagnolo era inteso da tutte le altre nazioni»[99].

Altre tradizioni narrano che Vincenzo Ferrer abbia predicato anche ad Amiens[100] e nella Piccardia[101].

Nella città di Bruxelles invece, Isabella di Portogallo[102], duchessa di Brabante[103] e moglie di Filippo il Buono[104], otten-

[99] Cfr. P. Fages, *Histoire de Saint Vincent Ferrier*, cit., p. 177.

[100] Città francese situata nel dipartimento della Somme nella regione della Piccardia. Ad Amiens è presente la cattedrale gotica più grande della Francia, Notre-Dame di Amiens.

[101] Regione della Francia settentrionale, con capoluogo Amiens. Le altre città principali della regione sono Laon e Beauvais.

[102] Isabella di Aviz nacque a Évora il 21 febbraio 1397. Fu principessa della casa reale portoghese. Il 24 luglio del 1429 sposò il duca di Borgogna, Filippo il Buono e fu duchessa consorte di Borgogna dal 1430 al 1467. Morì a Aire il 17 dicembre 1471.

[103] È una provincia dei Paesi Bassi, situata nella parte sud della nazione. Fino al XVII secolo, l'area che oggi costituisce la provincia del Brabante Settentrionale apparteneva in gran parte al Ducato del Brabante, la cui parte meridionale si trova nell'attuale Belgio.

[104] Filippo III *il Buono* nacque a Digione il 31 luglio 1396. Fu duca di Borgogna, conte di Borgogna, Artois e Fiandre dal 1419. Morì a Bruges il 15 giugno 1467.

ne da Callisto III[105] l'erezione di un convento di Domenicani sotto il titolo di San Vincenzo Ferrer, perché egli vi predicò lasciando profonde tracce tra le popolazioni fiamminghe. La bolla è datata 5 novembre 1457.

Sappiamo, inoltre, che si fermò a predicare nel Contado d'Artoys[106] e subito dopo a Sant'Omer[107] dove nel convento del suo ordine è custodita come preziosa reliquia la sua veste.

Quanto alla predicazione in Inghilterra alcuni autori riportano che il santo sia partito da Arras[108] per rispondere all'appello del re d'Inghilterra. P. Fages in proposito riporta: «*Nel 1414 il Convento dei Domenicani di Arras fu bruciato. Fortunatamente per loro P. Vincenzo Ferrer si era fermato lì qualche anno prima e aveva predicato sia nella Chiesa parrocchiale più volte, e sia nelle chiese più frequentate. Partì da Arras per recarsi in Inghilterra dove Enrico IV l'aveva pregato di andare a predicare. Lasciò ai Padri le offerte ricevute in elemosina e fu con qual soccorso che i nostri Padri riuscirono a ristabilirsi dopo l'incendio*»[109].

Anche il Ranzano, primo biografo di San Vincenzo, narra che mentre San Vincenzo percorreva le Gallie, Enrico IV di Lancaster,[110] re d'Inghilterra, al sentire le mirabili opere di

[105] Nato Alfons de Borja y Cabanilles, nacque a Xàtiva il 31 dicembre 1378. Eletto papa nel 1455, morì a Roma, il 6 agosto 1458.

[106] Provincia storica della Francia del Nord dell'*Ancien régime*, con capitale Arras, e che oggi forma la gran parte del dipartimento del Pas-de-Calais. Dopo essere appartenuto ai duchi di Borgogna, l'Artois passò in eredità agli Asburgo di Spagna, per poi tornare definitivamente alla Francia dopo la Guerra dei Trent'anni, nel 1659, con la Pace dei Pirenei.

[107] Comune nella Francia del Nord situato nel dipartimento del Passo di Calais.

[108] Arras è un comune francese situato nell'Artois nel dipartimento del Passo di Calais, di cui è capoluogo.

[109] Cfr. P. Fages, *Histoire de Saint Vincent Ferrier*, cit., p. 179.

[110] Enrico di Bolingbroke nacque a Bolingbroke il 3 aprile 1367. L'incoronazione di Enrico, il 13 ottobre, 1399, fu di notevole importanza perché fatta per la prima volta in lingua inglese dalla Conquista normanna.Morì

questo Santo, gli inviò una nave con dei messaggeri incaricati di pregarlo di voler evangelizzare la Gran Bretagna. Il Santo acconsentì, predisse al re gravi avvenimenti che si sarebbero verificati in seguito e seminò tra la gente, non senza frutto, la divina Parola. Da lì passò in Scozia e poi in Irlanda dove rimase poco tempo. In seguito sarebbe ritornato in Francia.

Nonostante quanto affermi il Ranzano, e altri autori dopo di lui, dobbiamo riflettere che questo itinerario, pur non potendo escluderlo categoricamente, sembra essere alquanto improbabile. Se fino ad ora abbiamo annoverato numerosissime prove e testimonianze dirette delle visite e dei pellegrinaggi fatti da San Vincenzo, quanto a questo viaggio inglese non abbiamo prove, testimonianze e segno alcuno che lo ricordino.

Alban Butler[111] è di una ipotesi completamente diversa; egli sostiene che essendo Enrico IV nelle Fiandre, avrebbe autorizzato il Santo alla predicazione nei suoi territori. Il resto sarebbe quindi una errata interpretazione del Ranzano a cui altri biografi si sarebbero ispirati.

IV. 2 *Intanto a Roma si cambia. Ma non troppo*

Se Benedetto XIII aveva perso terreno in Francia, non si trovava in una condizione migliore Bonifacio IX in Italia. Costretto dal bisogno di denaro, egli aveva finito col riconoscere le Signorie (che pagavano tributi) formatesi nello Stato pontificio, aveva perduto Perugia e si era ridotto a costituire in vicariati parecchie terre.

a Westminster il 20 marzo 1413.

[111] Alban Butler nacque a Appletree il 24 ottobre 1710. È stato un presbitero, teologo e biografo inglese, uno dei più importanti agiografi della Chiesa cattolica e autore della monumentale opera *The Lives of the Fathers, Martyrs and Other Principal Saints* (1756-59). Morì a Saint-Omer, Artois il 15 maggio 1773.

Dicono gli avversari che Bonifacio IX badò solo ad arricchirsi sfruttando la qualifica di sovrano temporale e capo spirituale. La prima gli permetteva di dare alcuni benefici in cambio di denaro: il risultato fu che aumentò a dismisura il numero dei beneficiati. Scoprì così un pozzo senza fondo.

Il sistema lo applicò nella seconda qualifica come capo spirituale, e scoprì un altro pozzo senza fondo: a tutti coloro che gli si rivolgevano per una qualsiasi supplica, faceva prima sborsare del denaro (*"per la Chiesa"* diceva lui) poi dava l'indulgenza; finì per accogliere qualsiasi supplica e concedere la sua indulgenza plenaria anche a coloro che la chiedevano da paesi lontani, tramite i suoi intermediari. La pestilenza dell'estate del 1402 aveva infierito su tutta l'Italia, compresa la Lombardia. Per sfuggire il morbo Gian Galeazzo Visconti[112] lasciò Milano e si ritirò a Melegnano, dove credeva di esser immune dal contagio; ma il 3 settembre, pochi giorni dopo del suo arrivo, cessò di vivere, segnando, con la sua scomparsa dalla scena del mondo, il ritorno di quell'equilibrio politico che in quindici anni di lotte era riuscito a turbare profondamente in suo favore.

Bonifacio IX ebbe appena il tempo di fare altri progetti dopo la morte di quel Visconti che gli aveva avvelenato quasi l'intero suo pontificato: morì il 1° ottobre 1404.

Roma, che per quindici anni era stata sotto il duro governo papale, si levò a tumulto al grido di *libertà*. Reclamava subito un suo papa (italiano e a Roma), ma lo voleva privo di potere temporale. Sotto il timore di tale minaccia, i cardinali riuniti in Conclave volevano sbrigarsi a fare il nome del successore ma dato che da Avignone era giunta già la notizia che l'antipapa Benedetto era in procinto di partire con una buona scorta di armati per scendere su Roma, i cardinali scelsero una strada di reciproco accordo e, prima di votare e quindi

[112] Cfr. Volume II, nota n. 98.

eleggere uno di loro, avevano prestato giuramento di indire un concilio ecumenico e a presentare, se fosse stato il caso, la propria rinuncia.

Tuttavia, il Conclave fu breve e il 17 ottobre 1404 i cardinali fecero il nome di Cosma Migliorati, nativo di Sulmona. Un uomo istruito, virtuoso, già Arcivescovo di Ravenna, poi di Bologna e Cardinale di Santa Croce; si trattava però di un debole, avanti con gli anni, quasi alle soglie dei settanta.

Roma era ancora in stato di rivolta, e quindi il neo-eletto non fu nemmeno consacrato; dovette lasciare Roma e rifugiarsi con la corte papale nella più sicura e ospitale Viterbo. Sedati i tumulti, ristabilita la tranquillità e l'ordine si poteva far rientro a Roma. L'11 novembre 1404 fu consacrato in San Pietro, prendendo il nome di Innocenzo VII. Roma applaudì e per qualche giorno fece festa.

L'anno terminò con le varie celebrazioni religiose, ma all'inizio del 1405, l' avignonese Benedetto, che aveva annunciato di scendere a Roma per incontrarsi con il nuovo papa, si era mosso dalla Francia, inviando ambasciatori al contendente romano per combinare un incontro nell'*Urbe*. L'altro declinò l'invito: era troppo pericoloso avere a Roma due papi. Eppure aveva giurato, prima di essere eletto, che avrebbe indetto un concilio ecumenico e che si sarebbe adoperato per porre fine allo scisma, pronto anche ad abdicare qualora i cardinali avessero ritenuto necessario quel gesto per il bene della Chiesa.

A Roma purtroppo c'era chi soffiava sul fuoco di queste discordie nate con lo scisma. Cominciarono a girare libelli diffamatori su entrambi i papi. Il rimprovero che facevano a Innocenzo era quello di non avere volontà per la composizione dello scisma, di non muovere un dito, di essere perfino uno spergiuro.

IV. 3 *Nizza e Genova*

Nel mese di dicembre, il Papa aragonese si spostò da Marsiglia a Nizza, città che apparteneva al conte Amedeo di Savoia, al quale, come ricompensa della sua fedeltà, Benedetto aveva concesso uno *studium* generale per la città di Torino.

Da questo momento, purtroppo, inizia una gran confusione a motivo della mancanza di notizie. Il Teixidor afferma che nei primi mesi del 1405 San Vincenzo arrivò a Nizza perché - riporta il Fages - Benedetto XIII gli aveva fatto sapere che avrebbe voluto incontrarlo a Genova. San Vincenzo quindi, ricevuta la notizia, sarebbe ridisceso dal nord per andare incontro al papa.

Questo viaggio del papa destava di certo non poca preoccupazione; tuttavia, il 6 aprile, spinto da Luigi d'Orleans, Carlo VI di Francia emanò un'ordinanza con la quale autorizzava i suoi sudditi ad accompagnare il Papa nel suo viaggio.

Probabilmente, forte di questo permesso reale, San Vincenzo si imbarcò con il Papa a Nizza per sbarcare a Genova il 16 maggio, insieme ad altri sei cardinali. Altre fonti, cui fa eco il Fages, direbbero che San Vincenzo abbia atteso direttamente a Genova l'arrivo della flotta papale.

L'autore francese, denigra ampiamente questo ingresso solenne nel porto genovese, affermando che tutta quella sontuosità non fu altro che un mediocre diversivo alla realtà delle cose. La peste infatti stava devastando ancora una volta paesi e città e il numero dei morti ogni settimana era di 215.000. Vincenzo Ferrer però non era un uomo che fuggiva davanti ai pericoli e perciò, malgrado tutto, non smise di visitare i malati, di assistere i moribondi, di infondere coraggio a tutti. Spronati dal suo esempio, i preti si prestarono senza indugio a tutte le opere di zelo e di assistenza così bene che la violenza del morbo non tardò a diminuire. Ci raccontano le cronache del tempo che il volto grondante di lacrime di

Vincenzo e gli occhi sempre fissi sulla "Divina Vittima" mentre portava il Santissimo Sacramento produssero molta più impressione di quanto non ne facesse la peste stessa.

Nel periodo del passaggio genovese del Santo, si registra una visita da parte di alcuni cavalieri fiorentini. Essi, da parte di tutta Firenze, conosciuta la fama di San Vincenzo, vennero a supplicarlo affinché si recasse nella loro città, al fine di compiere anche lì la sua missione. San Vincenzo si scusò dicendo: «*Io verrei di buona voglia a servirvi, ed a consolare il vostro paese, ne per ciò fare m'abbisognerebbe l'incomodo di vostre spese: imperocchè io non ho bisogno d'altrui sovvenimento, quando ho meco il mio* GESÙ *Crocifisso; ma avendo voi un Predicatore zelante, ed insigne, se alle voci sue non si convertono i peccatori, non si convertirebbero ne pure, se redivivi i morti venissero loro a predicare*»[113]. Si riferiva infatti al Beato Giovanni Dominici[114], anch'egli appartenente all'Ordine dei Frati Predicatori.

Senza nulla togliere alla verità delle parole del Santo che i biografi ci riportano, dobbiamo anche tenere presente che la città di Firenze apparteneva all'obbedienza romana e il suddetto Beato Giovanni essendo stato il braccio destro di Raimondo da Capua, Maestro Generale dell'Ordine di obbedienza romana, si trovava dalla stessa parte. Pertanto pur riconoscendo l'evidente grandezza del Beato, non possiamo escludere che San Vincenzo avesse rifiutato l'invito fiorentino per evitare un conflitto interno all'Ordine.

Sempre a Genova si registrò un fatto singolare: «*osservatasi da Cittadini la distintissima stima, e venerazione, colla quale da Vice Re era il Santo giornalmente trattato, si fecero coraggio alcuni*

[113] G. M. F. FERRARINI, *Ragguaglio istorico della vita...*, cit., p. 224.

[114] Giovanni Dominici, al secolo Giovanni Banchini o Baccini, nacque a Firenze nel 1356 o 1357. Membro dell'Ordine dei Frati Predicatori, fu Vescovo di Ragusa e Cardinale di Gregorio XII. Morì a Buda il 10 giugno 1419. È stato proclamato beato nel 1832 da Papa Gregorio XVI.

Valenziani a pregarlo, che si interponesse presso il detto Comandante, per ottenere il perdono ad uno dei suoi Nazionali, il quale era stato condannato per i suoi misfatti ad una crudele obbrobriosa morte. Non volle acconsentire alle preghiere S. Vincenzo, tutto acceso in zelo dicendo: non permetta Iddio, che io giammai, ne per amor vano della Patria, e del Sangue, impedisca il corso della retta Giustizia; ne che per me non abbiano i Malfattori il dovuto gastigo: perché però sia in qualche maniera consolata, e premiata la vostra Carità, supplicherò il Vice Re, acciò si degni di tramutare la morte crudele del misero in un'altra morte più mite»[115].

IV. 4 *Il dono delle lingue*

Erano già cinque anni che San Vincenzo percorreva l'Europa e nessuno ebbe mai l'idea di chiedergli che lingua parlasse. Egli arrivava, predicava e tutti lo comprendevano. Genova, città cosmopolita, scoprì per prima il dono delle lingue che San Vincenzo possedeva. Molte genti venute per gli affari commerciali, che avevano costantemente bisogno di interpreti, rimasero tutti sorpresi di poter ascoltare il predicatore ciascuno nella propria lingua. Riporta il Tomarelli: «*I suoi biografi sono concordi nell'attestare che Vincenzo predicava abitualmente in catalano, la lingua appresa nella sua Valenza, e solo in circostanze particolari, di lezioni e di riunioni parlò in latino. Ebbene, chiunque lo ascoltava lo seguiva come se parlasse nella propria lingua nativa; avrebbe parlato in tante nazioni diverse, ma mai si servì, ne ebbe necessità di servirsi, di interprete per farsi intendere. Secondo la testimonianza di un contemporaneo egli parlava italiano con gli italiani, come favellava tedesco coi tedeschi, non meno che se fosse tra loro nato ed educato.* [...] *Tutti quindi lo udivano, sia che parlasse la sua lingua e coloro che ascoltavano fossero di lingua*

[115] G. M. F. Ferrarini, *Ragguaglio istorico della vita...*, cit., p. 211.

diversa. E la cosa doveva suscitare la meraviglia di tutti, poiché si trattava di un miracolo continuato, che di volta in volta assumeva sfumature diverse: essere ascoltato non solo da genti di lingua diversa, ma anche da gente che si trovava in situazioni di lontananza e per altre circostanze anomale, oppure il fatto che egli, affaticato dalla stanchezza e dagli anni, riusciva a trovare nel pulpito l'energia necessaria per soddisfare tutte le attese degli ascoltatori»[116].

IV. 5 *La costa genovese*

Secondo le cronache genovesi, uno dei grandi prodigi operati da San Vincenzo fu nei confronti delle donne che avevano abbandonato la consuetudine di portare il velo in chiesa.

I biografi pongono nell'estate del 1405 la lotta e la predicazione del Santo contro la vanità delle donne e dei loro costumi, per ricondurle a quella modestia tanto raccomandata da San Paolo.

Nel chiostro di Santa Maria di Castello a Genova si trova ancora un dipinto del Palmieri[117] che rappresenta San Vincenzo che predica contro il lusso delle donne.

Nella riviera genovese molte cose parlano ancora dell'apostolo valenziano. Ad esempio, il pulpito dal quale il Santo predicò e che prima era posizionato nella chiesa del Convento di San Domenico: un pulpito semplice come quello di Arles, che poggia su quattro piedi, su uno dei quali c'è ancora lo stemma dell'Ordine. I Padri Domenicani che si trasferirono a San Fruttuoso, non lontano da Genova, portarono con loro una delle reliquie più care: il crocifisso utilizzato da San Vincenzo.

[116] U. Tomarelli, *San Vincenzo Ferreri...*, cit., pp. 127-128.

[117] Giuseppe Palmieri (Genova, 1674-1740) è stato un pittore italiano del tardo Barocco, attivo soprattutto a Genova e in Liguria. È noto principalmente per i suoi dipinti di carattere religioso.

Non lontano vi era una chiesa intitolata a Santa Zita, dove il Santo predicò alle folle riunite nella piazza attraverso una loggia che si apriva sulla facciata, fungendo così da pulpito.

L'apostolato del Santo però non si fermò alla sola città di Genova, ma si estese anche nei borghi circostanti. Attraversò città e luoghi dove la discordia trionfava: città contro città, famiglie contro famiglie. Egli passò regolando gli interessi soprattutto dei più deboli, imponendo il silenzio tra i litiganti. Fissò le frontiere, fu arbitro tra le parti e le città belligeranti.

Sempre nel 1405 sappiamo che giunse a Sanremo e anche lì si ritrovò a fare da paciere in una lite per interessi economici tra famiglie potenti. Nel concordato di pace, il Santo scrisse: «*volendo mettere fine al litigio e risolvere la questione amichevolmente e non per via di giustizia, come è nostro dovere, noi abbiamo accettato il ruolo d'arbitro. Dopo aver ascoltato attentamente le ragioni di una parte e dell'altra, dopo averle analizzate, invocati i nomi di nostro Signore Gesù Cristo e della santa vergine noi dichiariamo, pronunciamo e decidiamo* [...]». Stabilì quindi il diritto dei creditori e la somma ad essi dovuta. Dall'atto si evince che questa sentenza fu poi letta e promulgata a San Remo, in una stanza del palazzo di Antonio Curli, il 16 novembre 1405 all'ora nona dal notaio Battista Bauda.

Proprio dalla città di Sanremo ci viene inoltre la testimonianza che «*il santo uomo la notte, oltre il duro dormire che costumava, soleva prima e dopo del suo breve sonno aspramente flagellarsi*»[118].

Intanto Benedetto XIII per paura della peste, da Genova partì dirigendosi a Savona, dove con un vago accenno aveva invitato il suo antagonista romano per una risoluzione dello scisma. Il Teoli non ha difficoltà a sostenere che il Santo abbia accompagnato il papa, affermando che il suo scopo sia stato quello di trattenere il Pontefice in Italia, predicare anche a

[118] A. Teoli, *Storia della vita e del culto...*, cit., p. 48.

Savona e magari, aggiungo io, sovrintendere anche a questo possibile incontro. Tuttavia, visto che l'atto di pacificazione di Sanremo porta la data del 16 novembre, è probabile che San Vincenzo abbia raggiunto Benedetto solo in un secondo momento. Papa De Luna si trattenne a Savona fino all'estate del 1406, attendendo probabilmente un possibile arrivo di Bonifacio IX. Qui il nostro Santo stabilì una confraternita di flagellanti (*Sodalitas Verbatorum*) ed egli stesso ne scrisse le regole, assegnandogli come sede un oratorio adiacente il convento di San Domenico.

In questa città era venerata l'immagine della Madonna della Misericordia. San Vincenzo ai piedi di questa immagine riuniva le folle che andavano ad ascoltarlo. Pio VII, secoli dopo, riconobbe di dovere la sua liberazione dalla prigionia di Napoleone all'intercessione di quella Madonna: egli stesso agli inizi del Novecento la incoronò per renderle grazie della liberazione ottenuta.

Un'altra piccola testimonianza ligure la abbiamo nella chiesetta intitolata al Santo che si trova a Gavano dove, secondo la tradizione, egli spesso si recava lì a predicare durante il suo soggiorno ligure.

IV. 6 *A Roma si cambia ancora*

Intanto a Roma i sussulti del pontificato di Innocenzo VII non aiutarono certo ad allungargli la vita. Nuovi disordini avevano costretto il papa, nell'estate del 1405, a ritirarsi nuovamente a Viterbo da dove fece ritorno a Roma solo il 1° settembre del 1406. Aveva previsto la convocazione di un concilio che potesse aiutare e spronare ancor di più la risoluzione dello Scisma ma i tumulti dell'*Urbe* avevano fatto sì che fosse più volte rimandato. Il suo desiderio sarà stroncato da un colpo di apoplessia lo ucciderà il 6 novembre.

La morte di Innocenzo VII porgeva adesso una nuova occasione per far cessare lo Scisma. Un consigliere assai ascoltato dal defunto pontefice aveva vivamente patrocinato il differimento dell'elezione. Però, neppure questa volta i cardinali vollero astenersi dall'eleggere un nuovo papa e, date le turbolenze che affliggevano Roma, si riunirono in Conclave, giurando prima solennemente che chiunque fosse stato eletto avrebbe fatto di tutto per porre fine allo Scisma, che non avrebbe eletti nuovi cardinali e avrebbe deposto, se necessario, la tiara. Recita un detto: "*Promesse di marinaio! Preso fatte, presto dimenticate!*". Sappiamo infatti che questo giuramento altre volte era stato fatto e mai era stato mantenuto. Dal Conclave, il 30 novembre del 1406, venne eletto il cardinale veneziano Angelo Correr, che prese il nome di Gregorio XII. Patriarca latino di Costantinopoli, il Correr era un uomo alto di statura, magro, tutto pelle e ossa, ottuagenario, tuttavia animato dal desiderio vivissimo di dar pace alla Chiesa.

Tenendo fede al giuramento fatto, egli s'impegnò subito ad inviare lettere ad Avignone, a università e principi, dicendo che era suo ardentissimo desiderio la pacificazione e proponendo al suo rivale Benedetto XIII una scambievole abdicazione. Con una lettera dal titolo *Qui se humiliat*, evocando il giudizio di Salomone, invitò il suo competitore alla cessione pura e semplice. Seguì anche un'ambasceria per avviare le trattative tendenti a comporre lo Scisma entro tre mesi. Nel contempo, a Roma, a coloro che gli erano vicini andava ripetendo che avrebbe cercato l'unione per terra e per mare e, se era il caso, anche raggiungendo Avignone con una semplice barca da pellegrino.

Queste lettere, l'ambasciata, la sua disponibilità fecero molta impressione in Francia, e l'antipapa Benedetto non poteva tirarsi più indietro, perché le stesse cose le aveva dette lui in precedenza. La situazione sembrava rovesciata: adesso era Roma a prendere l'iniziativa di approcci con la sua rivale. Benedetto non disse di no, ma non accelerò i tempi, fece vagamente l'accenno ad un incontro che doveva avvenire a metà strada, a Savona.

Tutta la Cristianità credeva veramente che la fine dello Scisma fosse finalmente vicino. Ben presto però la determinazione dei due pontefici cominciò a tentennare. La famiglia Correr, parenti di Gregorio XII, e Ladislao di Napoli, sostenitore di Gregorio e del suo predecessore, per ragioni politiche usarono tutta la loro influenza per impedire l'incontro e, oltretutto, il timore di ciascun papa di essere catturato dal partito del rivale facilitò le cose.

IV. 7 *Ancora Francia, ancora Italia, verso la Spagna*

Nel 1406, nonostante i tentativi di pacificazione, non si ottennero grandi risultati. Pertanto San Vincenzo potrebbe aver deciso di intraprendere nuovamente il suo cammino di apostolato.

In questo anno, infatti, lo troviamo a Vercelli, e la cronaca domenicana del Piemonte narra che in quell'anno la città sembrava essere diventata il punto di attrazione di tutte le calamità e i territori intorno erano colpiti da faide tra Guelfi e Ghibellini. Tra i disordini generali, il Santo si recò in questa città e attraverso l'opportunità dei suoi consigli, il vigore dei suoi discorsi, tanto parlando al popolo e tanto assistendo alle sentenze dei giudici, riuscì a far regnare la pace e a impedire una guerra civile.

Da Vercelli si sarebbe di nuovo diretto verso la Francia, dove alcune testimonianze ci narrano che abbia predicato la Quaresima e l'Avvento a Clermont nel 1407, essendo Vescovo Henri De La Tour[119].

[119] Henri de La Tour (2 gennaio 1376-7 maggio 1415).

Anche a Issoire e Riom, sempre nel Ducato di Auvergne, alcune cronache locali parlerebbero del suo passaggio nell'anno 1407.

Anche la cronaca genovese interviene ancora una voltanarrando che Benedetto XIII agli inzi del marzo 1407 scrisse una lettera ai genovesi affermando che per la pace della Chiesa era disposto a rinunciare al pontificato e chiedeva preghiere per questa intenzione. L'Arcivescovo Pileo de' Marini[120] il 12 marzo celebrò la solenne messa pontificale allo Spirito Santo. Vincenzo Ferrer in quell'occasione fu il predicatore. Purtroppo però neanche in questa occasione si giunse a fatti concreti e ancora una volta l'orizzonte della risoluzione dello Scisma sembrava allontanarsi.

A motivo di queste ulteriori incertezze non è da escludere che il Santo abbia ripreso il suo cammino di apostolato e a metà del 1407 ricompare di nuovo a Lione dove avvenne un fatto del tutto particolare: mentre era in città «*come rapito, diede in un'estasi enigmatica, dicendo in lingua Valenziana, intesa però da tutti gli uditori, qual fusse in propria favella: Bona gente si fa ora un pasticcio in una celebre pasticceria de Cristiani, il quale, allorchè si scoprirà, puzzerà molto*»[121].

Solamente più tardi si comprese che il Santo accennava alla morte del Duca D'Orleans, Luigi I di Valois, il quale fu assassinato il 23 novembre 1407 per ordine di Giovanni *senza Paura*, Duca di Borgogna[122].

[120] Pileo de' Marini, Arcivescovo di Genova dal 30 novembre 1400. Non sappiamo l'anno della fine del suo episcopato ne quella della sua morte. Il suo successore prenderà possesso nel 1429.

[121] G. M. F. Ferrarini, *Ragguaglio istorico della vita...*, cit., p. 222.

[122] Giovanni di Borgogna, noto come Giovanni *senza Paura*, nacque a Digione il 28 maggio 1371. Fu conte di Nevers dal 1384 al 1405 e Duca di Borgogna, Artois e Fiandre dal 1404. Morì a Montereau-Fault-Yonne il 10 settembre 1419.

San Vincenzo Ferrer.
Dipinto di proprietà della famiglia Broya de Lucia

Capitolo V

O glorioso Apostolo della Spagna

Siamo nel XV secolo e la Spagna è ancora divisa in tanti regni e risente enormemente della presenza della dominazione musulmana e di grandi comunità ebraiche. Con esse il santo si confronterà spesso generando innumerevoli conversioni. Da questo periodo in poi gli spostamenti del Santo si fanno più lenti e gli stessi biografi annotano la reperibilità di tracce più profonde, tante delle quali purtroppo oggi non esistono più.

V. 1 *Apostolo in Andalusia*

Nel 1407 San Vincenzo ricevette probabilmente dal re di Granada[123], Mahomet Aben Balua, l'invito a predicare nei suoi territori. La fama della predicazione del Santo aveva infatti raggiunto quelle terre, benché musulmane. Il re mandò i suoi ambasciatori che si recarono prima in Aragona, dove appresero che il santo predicatore si trovava con il Papa in terra ligure. Si diressero quindi verso quelle coste e con non tanta fatica riuscirono a contattarlo: «*Volentieri, dice il Barletta, accettò l'invito il Ferreri, poiché vedendo che Benedetto, benché facesse molte cose e molti trattati per la estinzione dello scisma, andava*

[123] Capoluogo dell'omonima provincia andalusa. Durante il dominio arabo è stata una delle maggiori città commerciali per lo scambio di pietre preziose, pelli, armi e polveri da sparo. Nel 1406, dopo circa 50 anni di tregua, dovuta ai problemi interni della corona di Castiglia, il re, Enrico III di Trastamara, riprese la campagna militare contro i Mori del Regno del sultanato di Granada, ottenendo l'importante vittoria di Collejares, nelle vicinanze d'Úbeda, dove pare che i musulmani, primi in Europa, usarono armi da fuoco manuali.

però sempre prolungando di risolversi a cedere; e perciò vedendosi preparata da Dio si opportuna occasione per dilungarsi dalla corte di Benedetto, senza dimora da lui licenza, salì nella regia nave e con favorevole vento pervenne in brevissimo tempo nel celebra porto di Granata circa il principio di novembre»[124].

Anche lì nonostante la difficoltà per la forte presenza di musulmani, il Signore fece scaturire dalla predicazione del Santo grandi segni di conversioni.

Tutto questo suscitò grande scompiglio tra la corte e gli alfacchini che intimarono al Re, che in cuor suo aveva già deciso di ricevere il Battesimo, di fermare questa ondata di conversioni. Il re intimorito anche da possibili minacce di rivolte, decise di chiamare San Vincenzo e licenziarlo dal suo Regno. Il Santo «*ubbidì prontamente al re col partirsi* [...] *intendendo con spirito profetico esser da Dio riservata ad altro tempo la più copiosa e piena conversione. Ma se fu incredibile la mestizia e il dolore col quale si partì il nostro apostolo da Granata, non fu però tarda l'ira di Dio sopra dello incostante Abenbalva, poiché a capo di soli tre anni lo sopraggiunse la morte, allorchè nel 1408 lasciando l'iniquo re il corpo alla terra, fece miseramente doppia perdita del regno terreno e celeste*»[125].

Uscendo quindi da questa città, si diresse verso Baeza[126] dove fu fatto entrare per la porta di Belmor, oggi Postigo. Pur essendo la Cattedrale molto grande tuttavia non riusciva a contenere le grandi folle che accorrevano per ascoltare il Santo predicatore. Si decise allora di utilizzare un grande campo vicino la Chiesa di San Marco (sappiamo dai biografi che incentrò la sua predicazione sui vizi carnali ripetendo spesso: «*Perdono e Confessione!*».

124 A. Teoli, *Storia della vita e del culto...*, cit., p. 48.
125 *Ibidem*, pp. 49-50.
126 Comune spagnolo della comunità autonoma dell'Andalusia.

Da qui il Santo avrebbe voluto dirigersi verso Murcia[127] per poi risalire a Valencia; tuttavia le popolazioni della Betica[128] lo pregarono che si recasse da loro e quindi cambiò tragitto dirigendosi verso Ezija[129].

Qui «*albergato fu nel nostro convento dei SS. Paolo, e Domenico, quivi predicò, ed operò al solito: perciò a nostri tempi ancora conservasi colà con somma venerazione il Pulpito, da cui promulgò il Vagelo per la riforma di quei popoli, e la cella, dove abitò, adornate per pareti di varie pitture. Predicando nella medesima città nella Parrocchia di San Martino, dopo vari miracoli, già altrove operati ivi ne fece uno assai stupendo. Era concorsa fra gli altri uditori una Giudea assai ricca, e facoltosa, ma ostinatissima nella sua perfidia. Forza Non potendo costei ne soffrire la forza de penetranti di lui insegnamenti, i quali con lume singolare celeste indirizzò distintamente contra la cecità perfida degli Ebrei, non ostante non fusse a lui noto ritrovarsi Ebrei fra gli uditori, ne tollerar potendo la vivacissima luce, che contra di essa medesima vibrava il Santo dal Pulpito, alzossi dispettosa in piedi, e ristette per un poco, copertasi con il manto il volto, come a ripararsi da cosa, che negli occhi la offendesse (ma per verità erano i raggi della divina Grazia, che illuminata le avrebbero la mente, quando, che essa sconsigliata non avesse voluto resisterle) indi rivoltasi furibonda, urtando fra la folla degli uditori, s'avviava per uscire di Chiesa. Dalla commozione della gente scan-*

[127] Città della Spagna meridionale, della comunità autonoma di Murcia. Dal 1224 fu capitale di un emirato indipendente, finché nel 1243 venne conquistata da Ferdinando III e annessa nel regno di Castiglia, di cui seguì poi le sorti.

[128] La Betica o Hispania Baetica fu una delle province romane in cui venne suddiviso il territorio della penisola iberica a partire dalla riforma augustea del 27 a.C.

[129] Ecija, cittadina tipicamente andalusa, è situata sulla via che unisce Cordova a Siviglia, nella valle del fiume Genil. La dominazione araba si concluse nel 1240 allorché fu conquistata da Ferdinando III e vi si trasferirono alcune famiglie castigliane.

dalizzata, e sdegnata contra l'importuna, si avvide il Santo Predicatore di ciò, che era; onde alzata la voce, disse a tutti: Fate luogo a colei, ed ognuno ritirisi per quanto può dalla vicinanza della porta, che fra poco si pentirà di non aver dato luogo a miglior penfiere»[130].

La donna dopo aver percorso la navata arrivò alla porta della Chiesa e lo stipite della porta crollò su di lei, che restò esanime sotto le macerie. Lo spavento dei presenti fu tanto ma il Santo cercò di calmare gli animi, rassicurando che in quella disgrazia avrebbero visto manifestarsi la grazia di Dio. Pronunciò una breve orazione, scese dal pulpito e, giunto presso le macerie, diede ordine che si estraesse il cadavere. Su di esso fece il segno di croce e pronunciò le parole che usava sempre per resuscitare i morti: «*Jesus Mariae filius, Mundi salus, et Dominus. Qui huius animam ex nihilo fecit, eam in hoc Corpus restituita ad laudem et gloriam nominis sui*». La donna aprì gli occhi e si alzò completamente sana tra lo stupore dei presenti. Pentita, chiese di essere battezzata e diede disposizione di offrire i suoi averi perché ogni anno si facesse una processione solenne a ricordo di quell'evento e che in quel giorno ci fosse sempre un Predicatore.

Da questa città San Vincenzo si spostò a Siviglia. Qui predicò nella Cattedrale dove nella Cappella di Nostra Signora della Granada è ancora visibile il pulpito. Inoltre, nella chiesa del Convento di San Pablo si trova, su un altare a lui dedicato, una statua di San Vincenzo con il flagello in una mano e il crocifisso nell'altra e ai suoi piedi la mitria rifiutata. Una scritta sottostante recitava così: «*Il glorioso san Vincenzo Ferrer introdusse il costume della disciplina, continuato nella confraternita del Buon Ladrone. Vi si onora questa statua, disciplina in mano*».

Da Siviglia si incamminò verso Toledo passando per Cordova dove anche lì era un convento dell'Ordine dedicato, come a Siviglia, all'apostolo Paolo.

[130] G. M. F. Ferrarini, *Ragguaglio istorico della vita...*, cit., p. 228.

V. 2 *Castiglia e Navarra*

Nel percorso della predicazione del 1407, riportano i biografi che nel passare a Toledo vi fu una conversione di oltre quattromila ebrei. Inoltre, nel soggiorno dell'Apostolo valenciano in questa città, si registra un altro fatto del tutto particolare, già accennato nel Volume I: il Santo, mentre celebrava la Santa Messa, ebbe la rivelazione della morte di una sua sorella che era a Valencia. «*Poiché scrive il Diago che avendo Iddio rivelata al suo servo nel celebrare quel divinissimo sagrifizio la morte della sorella: appena salito in pulpito, egli manifestò al popolo la detta rivelazione nella messa ricevuta; acciocchè il popolo ringraziasse Iddio della gloria data a quella purissima anima, oppure per discolparsi della tardanza eccessiva nel celebrare, da quella rivelazione cagionata. Soggiunge il Diago, che con lettere venute poscia da Valenza si comprovò che la morte della sorella era ivi occorsa nella stessa ora del giorno, in cui al santo era stata rivelata. Tanto e non più riferiscono il Diago e i Miguel; ma il Ranzano individua assai meglio il racconto che per essere accompagnato da alcune circostanze singolari piacemi di riferirlo come egli stesso lo descrive. Ritrovavasi una sua sorella vergine gravemente inferma in Valenza, ed essendo vicina a morte si fe porre sul letto una tonaca del suo santo fratello. Posta che le fu addosso, incominciò ella ad invocare il medesimo santo con dire: Pregate per me carissimo mio fratello Vincenzo. E dopo aver più volte ciò replicato per lo spazio di due ore, soggiunse queste ultime parole: Ecco che viene il mio santo fratello a prendermi e condurmi avanti il tribunale di Cristo: cioè a ricevere dalle sue mani la eterna corona. E ciò detto placidamente spirò*»[131].

Partito da Toledo, dove tornerà qualche anno più tardi, compì un tratto di cammino nel quale toccò alcuni luoghi appartenuti alla storia del glorioso patriarca San Domenico, fondatore del suo Ordine.

[131] A. TEOLI, *Storia della vita e del culto...*, cit., p. 51.

Si diresse verso Guadalajara[132] dove, ancora alla fine dell'Ottocento si conservava la consuetudine di ripetere una espressione da lui insegnata e che voleva sostituire l'errata abitudine del giuramento, tanto contrastato anche dal Vangelo. Richiamando il passo evangelico di Mt 5,37 «*il vostro parlare sia; si,si; no,no*» il Santo inventò questa espressione che riporto in lingua originale e nella traduzione in francese, a motivo del fatto che la traduzione italiana non ha la rima.

Sp. "*Todos digan seguramente,*
que assì lo dice Fray Vicente".

Fr. "*Dison tous: assurement.*
Ainsi le dit Frere Vincent"

Andò quindi il Santo nel celeberrimo monastero di San Bartolomeo di Lupiana, il primo in tutta la Spagna dove si insediò l'Ordine di San Geronimo (con bolla di Gregorio XI, spedita da Avignone il 18 ottobre 1373).

A quel tempo, nella Compagnia del Santo, vi era un ebreo convertito che decise di entrare nell'Ordine dei Frati Predicatori con il nome di Pietro di Madrid. Alcune testimonianze narrano che visse in quel santuario e vi fu sepolto con l'appellativo di "*compagno di San Vincenzo*". Purtroppo, già alla fine dell'Ottocento Lupiana non era altro che rovine e giardini.

Presenza del passaggio di San Vincenzo le abbiamo poi ad Alcalá[133] e Siguentes[134]. A Huete cambiò in acqua potabile una

[132] Città spagnola, capoluogo dell'omonima provincia, situata nella comunità autonoma di Castiglia-La Mancia.

[133] Alcalá de Henares è un comune spagnolo situato nella comunità autonoma di Madrid. Deve il suo nome attuale agli Arabi, dal momento che "Alcalá" deriva dalla parola araba "*al-qala*", che significa "roccaforte", una delle quali si ergeva in effetti sul fiume Henares.

[134] Sigüenza è un comune spagnolo situato nella comunità autonoma di Castiglia-La Mancia. Di origine preromana (*Segontia*), è disposta ad

sorgente nociva per uomini e animali e a Luzon la pietra che gli servì da pulpito fu per lunghissimo tempo strumento di guarigioni e miracoli.

A Cuenca[135] poi accadde un fatto abbastanza singolare: da buon annunciatore del Vangelo cercò di riportare gli uomini di quel luogo sulla retta via. Le donne invece resistettero e, furiose, assaltarono la casa dove alloggiava, lo cacciarono fuori passando per una piccola porta allora in costruzione e che, in ricordo di questo fatto, non fu più ultimata.

Lo troviamo poi a Palencia[136] dove già San Domenico alla fine del XII secolo aveva compiuto i suoi studi e dove c'era una confraternita eretta sotto il patrocinio di San Vincenzo Ferrer.

Tra questi sentieri, era posto anche il piccolo villaggio di Caleruega, patria del Santo Guzmano. Ci dice il Fages che in quella culla, San Vincenzo andò a chiedere luce e forza per sé stesso e una benedizione per la loro patria comune.

Anche Burgos[137] ricorda il passaggio del Santo. Sembrerebbe testimoniarlo un affresco posto nel coro di un monastero, raffigurante la predica di San Vincenzo Ferrer. Il convento dei domenicani intitolato a San Paolo e dove era custodita una parte dell'abito del Santo, ora non esiste più; dopo la Rivoluzione francese rimase abbandonato e nel 1870 fu distrut-

anfiteatro sui fianchi di una collina che domina il fiume Henares.

[135] Comune spagnolo situato nella comunità autonoma di Castiglia-La Mancia. Nella seconda metà del XIII secolo ricevette il titolo di città da Alfonso X il Saggio ed è durante questo periodo che raggiunse il suo massimo splendore con la costruzione della cattedrale.

[136] Città della comunità di Castiglia e León, capoluogo della omonima provincia, nella regione della Tierra de campos a lato del fiume Carrión. Palencia fu un'importante sede episcopale che favorì il pellegrinaggio a Santiago e il relativo *"camino"*, che attraversa la provincia da est ad ovest.

[137] Comune spagnolo nella comunità autonoma di Castiglia e León. Fu Capitale del Contado di Castiglia dal 1035 al 1492.

to. L'altare e la statua però furono trasportati nella piccola chiesa di un villaggio vicino chiamato Gamonal[138].

V. 3 *Biscaglia, Galizia e La Coruña*

Da Burgos si avviò poi verso i paesi baschi, in quella che oggi è la provincia autonoma di Guipuzcoa. La città di Vitoria[139], capoluogo ecclesiastico dei paesi baschi, contava alla fine dell'Ottocento molte famiglie fiere di discendere dai giudei convertiti da San Vincenzo.

Invece, «*Nella città di Tolosa di Spagna, conservasi la casa, dove soggiornò nel tempo,in cui si trattenne ivi predicando, e così similmente nella città di S. Sebastiano*»[140].

A San Sebastiàn[141], infatti, il luogo dove alloggiò fu trasformato in luogo di pellegrinaggio. Qui il santo predisse che la città sarebbe stata bruciata e invasa dalle acque. La città infatti fu bruciata nel 1813 durante la liberazione dalle forze anglo-portoghesi.

In seguito, «*Da questa si trasferì a Mondragone,*[142] *dove predicando operò vari prodigj, e quivi istituì la Confraternita generale di S. Michele, molto esemplare, e divota, a cui date alcune Regole proprie, hanno i Confratelli l'obbligo della disciplina ne' Venerdì di Quaresima, con alcune Processioni, nelle quali si cantano anche*

[138] Località spagnola situata nel comune di Talavera de la Reina (provincia di Toledo, comunità autonoma di Castiglia-La Mancia).

[139] Vitoria-Gasteiz è una città della Spagna, capoluogo *de facto*, della comunità autonoma dei Paesi Baschi, nonché capoluogo ufficiale della provincia di Álava. Dal 1200 la città è incorporata nella Castiglia.

[140] G. M. F. Ferrarini, *Ragguaglio istorico della vita...*, cit., p. 230.

[141] Donostia-San Sebastián, è una città basca situata nella Spagna nord-orientale. È il capoluogo della provincia di Guipúzcoa.

[142] Mondragón è una città basca fondata nel 1260 dal re di Castiglia Alfonso X il Saggio, nello stesso posto che occupava la città di Arrasate.

in oggi certe strofe spirituali di Penitenza composte dal medesimo S*anto*. *Cotesta città fu singolarmente beneficata dall'*U*omo di* D*io, ottenendole dall'Altissimo molte grazie, e fra le altre, quella singolarissima di rimaner esente dal flagello della Peste, a cui per l'inclemenza del Clima, e molto più per gastigo di Dio, era frequentissimamente soggetta; onde dopo, che San Vincenzo vi predicò, e la benedisse, mai più non è entrata in essa ne Contagio, ne peste*»[143].

San Vincenzo si diresse poi verso la Galizia[144] dove desiderava visitare nel famoso Santuario di Compostela le sacre spoglie dell'Apostolo Giacomo. Come in ogni luogo anche qui predicò e un giorno, scendendo dal pulpito, gli fu presentato un ragazzo nato cieco che con tutta umiltà e fede gli chiese di ridonargli la vista. San Vincenzo a quella richiesta disse: «*Figlio mio, io non faccio di questi miracoli. Di qual paese sei tu? Padre (rispose egli) io sono d'Oviedo. Soggiunsegli il* S*anto*: *Va dunque colà alla Cattedrale, e posto genuflesso avanti l'immagine di S. Salvadore, digli, che io ti mando, acciò egli degnisi di donarti la vista. Ubbidì senza replica, e senza indugio il Cieco, e guidato alla detta Immagine, che è collocata davanti l'Altar maggiore, disse pieno di altrettanta confidenza, che di semplicità: Salvador* G*esù Signor mio, il Maestro* V*incenzo m'invia a voi, acciò ditavi da parte sua, che mi diate la vista. Ebbe appena compiuta l'istanza, che ritrovassi perfettamente veggente*»[145]. Il miracolato iniziò a correre per le vie e le piazze, narrando a tutti l'accaduto e testimoniando quanto grande e potente fosse la raccomandazione del Santo presso il trono di Dio.

Tutto questo non solo diffuse e confermò la stima verso San Vincenzo ma accrebbe anche la devozione verso quella immagine del SS.mo Salvatore conservata ad Oviedo.

Da qui San Vincenzo riprese il cammino, avviandosi ver-

[143] G. M. F. Ferrarini, *Ragguaglio istorico della vita...*, cit., pp. 230-231.
[144] Comunità autonoma nel nord-ovest della Spagna.
[145] G. M. F. Ferrarini, *Ragguaglio istorico della vita...*, cit., pp. 230-231.

so La Coruña[146]. Lì avrebbe voluto imbarcarsi per l'Africa e la Mauritania dove avrebbe desiderato portare il dono della Parola di Dio.

A questo punto il Teixidor riportando le parole di alcuni, ci dice che il Santo ricevette una lettera da parte di un re di Spagna che lo esortava a recarsi da lui. Chi sia questo re, nessuno lo precisa; per di più la prima lettera che San Vincenzo riceverà da un sovrano sarà solo nel gennaio 1409, quando Don Martino gli chiederà di recarsi da lui per questioni urgenti.

Abbiamo motivo di credere, invece, che il cambiare rotta di San Vincenzo non fu dovuta a questa presunta lettera ma alla notizia certa che Benedetto XIII aveva convocato a Perpignano un concilio.

V. 4 *Cronache da Segovia*

Nel viaggio di ritorno da La Coruña, San Vincenzo tracciò nuovamente la terra di Castiglia facendo sosta a Segovia[147]. Una cronaca del tempo ce lo narra e con particolari anche abbastanza importanti. Sappiamo che arrivò in questa città a cavallo di un giumento, a motivo di una malattia alla gamba che probabilmente portò per altri undici anni fino alla morte.

Riporta il testo: «*Nel principio di quest'anno (1408) venne in Castiglia (partitosi dalla Corunna) il gran predicatore e maestro Fr. Vincenzo Ferreri apostolo di quel secolo, e lume col quale il cielo sbandir volle le tenebre di quella età. Giunse nella nostra città il 3 di maggio, essendogli usciti incontro i nostri cittadini con*

[146] Comune situato nell'estremo nord-ovest della Spagna, nella regione autonoma della Galizia.

[147] Città spagnola, capoluogo della provincia omonima. Si trova nella comunità autonoma di Castiglia e León. È sede vescovile. Fu residenza dei re di Castiglia nei secoli dal XIII al XV.

meraviglioso concorso di popolo a riceverlo per la porta orientale che chiamano del Mercato. Veniva il santo uomo cavalcando un piccolo giumento e seguitato da moltitudine di gente. Conduceva parimenti seco una cappella per i divini uffici, per i musici e per i suonatori. E con tanta famiglia e spesa non permetteva che veruno de'suoi ricevesse più del necessario sostentamento quotidiano (perfezione veramente apostolica). Arrivato il Santo ad una croce che stava innanzi la città, ivi fermatosi in orazione principiò la moltitudine della gente ad alzare le voci, pregandolo che loro predicasse ed il predicatore, il di cui studio ed apparecchio erano solamente il suo spirito l'esempio e la Bibbia che seco portava, valendosi di un certo rialto per pulpito, salitovi sopra e presa per argomento del discorso la croce, predicò la eccellenza di lei con tanto fervore e spirito, che se ne vide l'effetto in molti peccatori che si convertirono insieme con moltitudine di giudei e di mori che tra' cristiani erano concorsi ad udirlo, mossi dalla fama di si santo predicatore. Erano evidentissimi i miracoli che operava: lo udivano da lungi per ben tre o quattro leghe, ed intendevano tutte le nazioni, benché egli parlasse sempre nel suo valenzano linguaggio. Nel fine della predica si lamentò di noi cittadini, che nella entrata cotanto principale quanto era quella, non vi fosse una Chiesa o Cappella divota. Egli pregò che ne erigessero una e la dedicassero alla festa di quel giorno. Lo promisero e adempirono ben presto fabbricandola, e le posero nome: La Croce del Mercato. Ed in memoria di ciò, il medesimo giorno anniversario, la confraternita della Concezione dal Convento di S. Francesco va a quella Chiesa. Dimorò alcuni giorni il santo nella nostra città predicando e facendo òa sera pubbliche discipline a sangue. Ridusse a penitenza i peccatori, pacificò i nemici e converti con parole ed opere esemplarissime molti giudei e mori, de' quali ne battezzò in tanta moltitudine, che in memoria di questo si dipinse nella Chiesa di S. Martino in atto di battezzarli. Vi rimase la pittura finchè abbellitosi il tempio si oscurò per inavvertenza memoria sì santa»[148].

[148] A. Teoli, *Storia della vita e del culto...*, cit., pp. 52-53.

Nonostante la datazione di questo testo, che riporta l'arrivo del Santo a Segovia nel 1408, se si va a visitare l'*ermita* costruita per volere di San Vincenzo, si troverà una targa sulla quale è scritto: «*El 3 mayo 1411 S. Vicente Ferrer predica en este lugar. Y el pueblo erige esta ermita al Sto. Christo del Mercado D Ganados D la Ciudad de Segovia*».

Nulla esclude che possa esserci stata confusione tra la data della presenza del Santo e la costruzione della Chiesa.

Capitolo VI

Intermezzo di concilii e conciliaboli

La stanchezza generale per uno Scisma che appariva sempre più privo di sbocchi cresceva e fra i cardinali, tanto di osservanza romana quanto avignonese, i rapporti si fecero sempre più intensi. Da questo momento in poi le già intricate situazioni politiche andranno peggiorando e, come se non bastassero già due papi, a complicar le cose ne verrà eletto anche un terzo: Alessandro V.

VI. 1 *Intanto i Papi...*

La posizione di Papa De Luna in Francia si era fortemente indebolita con l'assassinio del duca di Orléans, per di più sostituito nelle funzioni di governo dal duca di Borgogna che gli era ostile. L'atteggiamento francese stava mutando e il Consiglio reale giunse a porre un *ultimatum*; con un'ordinanza di Carlo VI del 12 gennaio 1408 si minacciava la neutralità della Francia se entro il 24 maggio, giorno dell'Ascensione, i due papi non avessero risolto il problema dell'unità della Chiesa.

Si apriva una nuova pagina nel conflitto che lacerava la cristianità. Benedetto XIII, che poteva ancora contare sull'appoggio di Martino I d'Aragona, abbandonava Portovenere dopo avere convocato un concilio a Perpignano e là si trasferiva giungendovi a fine luglio, essendo però stato abbandonato dalla maggior parte dei suoi cardinali.

Per Gregorio XII invece la situazione non era migliore: l'insoddisfazione nei suoi confronti giunse al punto di rottura quando il 9 maggio 1408, mentre si trovava ancora a Lucca, per rafforzare la sua posizione, volle creare quattro nuovi cardinali scelti fra le persone a lui più vicine, contravvenendo pure all'impegno di non procedere a nuove nomine che potevano rendere più complesso il cammino verso l'unità. Tra i quattro neo-eletti, oltre i due nipoti del papa c'era anche quel Fra Giovanni Dominici appartenente all'Ordine dei Frati Predicatori che San Vincenzo aveva tanto raccomandato ai fiorentini. La reazione del Sacro Collegio di obbedienza romana fu immediata e l'11 maggio la maggioranza dei suoi cardinali abbandonò Gregorio ritirandosi a Pisa.

Così «*I dissidenti, nove in tutto, [...] scrissero tuttavia a Gregorio che intendevano agire non come membri contrastanti gli ordini del capo, o figli disobbedienti o fautori di scandalo, ma come membri preoccupati della salute della testa*»[149].

Furono presto raggiunti da alcuni cardinali avignonesi e congiuntamente scrissero a tutti i sovrani e vescovi, annunciando la loro intenzione di convocare un concilio.

VI. 2 *Il conciliabolo di Perpignano*

«*Nonostante la dissidenza d'una parte dei suoi cardinali e la nuova defezione francese, papa Benedetto non stimava la partita perduta.* [...] *Il 17 giugno 1408, dopo aver rivolto al suo rivale un supremo monito, e convocato a Perpignano il concilio della sua obbedienza*[150]*, s'imbarcò. Fece scalo in terra di Nizza, non osò fermarsi a Marsiglia, occupata dalle forze del duca d'Angiò e sbarcò a Colliure il 2 luglio; di qui si arrischiò a invitare i ribelli del suo collegio a raggiungerlo; re Martino gli augurava il benvenuto nei suoi stati ed egli si installò a Perpignano nel palazzo dei re di Maiorca*»[151].

[149] A. Fliche-V. Martin, *Storia della Chiesa*, cit., vol. XIV/I, p. 194.

[150] La convocazione avvenne il 15 giugno con la Bolla *Caelestis altitudo consilii*.

[151] A. Fliche-V. Martin, *Storia della Chiesa*, cit., vol. XIV/I,, pp. 200-201.

Il 24 luglio Papa De Luna fece il suo ingresso a Perpignano con quattro cardinali e altri prelati. Purtroppo per lui però la morte del Cardinale Berenguer d'Anglesola[152], avvenuta il 23 agosto, riduceva a tre il numero del suo collegio. Per questo il 22 settembre decise di rimpinguare il numero dei componenti, concedendo il cappello cardinalizio a tre spagnoli e due francesi[153].

Il giorno della festa di Tutti i Santi, 1° novembre, il Pontefice aprì solennemente il Concilio nella Chiesa principale di Perpignano detta Santa Maria *la Real*. La prima sessione ebbe luogo il 9 novembre ed erano presenti nove cardinali, quattro patriarchi, tre arcivescovi e un numero di vescovi che varia secondo gli autori, «*tutti spagnoli o francesi, questi ultimi in piccolissimo numero*»[154].

San Vincenzo, dicono i memoriali, fu invitato personalmente. La sua convinzione era ferma: arrivare a tutti i costi a un Concilio generale. Ci riporta l'Antist che il Santo predicò molte volte durante il Concilio, non il lingua romanza ma in lingua latina. Racconta un testimone che predicò in lingua valenziana solo al popolo e che avvennero numerose conversioni di ebrei vecchi e giovani che si trovavano in Perpignano.

Non abbiamo altre grandi notizie su questo evento che, ovviamente, non è riconosciuto nella cronologia del Concilii.

[152] Nato a Gerona, compì i suoi studi nell'università di Bologna. Su richiesta del re Pietro III d'Aragona fu nominato Canonico di Gerona. Dopo l'elezione avignonese di Pedro De Luna, ricevette vari incarichi e il 21 dicembre 1397 fu creato cardinale.

[153] Pierre Rabat, Arcivescovo di Tolosa († 1417), Jean d'Armagnac, Arcivescovo di Rouen (nato nel 1370 e morto l'8 ottobre 1408), Juan Martinez de Murillo, Abbate di Monte-Aragon († 1420), Carlos Jordan de Urriès y Pérez Salanova († 1420), Alfonso Carrillo de Albornoz, Amministratore della Diocesi di Osma († 14 marzo 1434);

[154] A. Fliche-V. Martin, *Storia della Chiesa*, cit., vol. XIV/I,, p. 202.

Abbiamo anche scarse informazioni sulla partecipazione e l'azione di San Vincenzo, tuttavia sappiamo che non rimase molto a Perpignano, perché alla fine di novembre si avviò nuovamente verso la Francia.

VI. 3 *Il Concilio di Pisa e la Chiesa tricefala*

«Come Benedetto aveva contrattaccato adunando i suoi fedeli a Perpignano, analogamente, seppure con qualche ritardo, si mosse il suo rivale. Il 2 luglio 1408, annunciò per la Pentecoste seguente «il concilio, che, com'è notorio, solo il pontefice romano ha potere di convocare»[155].

Gregorio ideò quindi un concilio da convocare a Cividale[156] con grande aiuto dei Cardinali Correr[157] e Dominici e dei veneziani, comunque perplessi, ai quali chiese di mettere a disposizione le navi. Denunciò inoltre con forza l'operato di Baldassarre Cossa[158] che definì *«discepolo d'iniquità e figlio di perdizione»*.

Nonostante le minacce dei due Papi e del Re di Napoli Ladislao, sotto la protezione di Firenze, il 25 marzo 1409, festa dell'Annunciazione, 15 cardinali (8 di obbedienza romana e 7 di obbedienza avignonese) con 31 arcivescovi, vescovi, ottantasette abati con le procure di chi non era potuto intervenire, si riunirono nella Cattedrale di Pisa sotto la presidenza del Cardinale Malesset[159], Vescovo di Palestrina.

[155] *Ibidem*, p. 209.

[156] Comune italiano della provincia di Udine in Friuli-Venezia Giulia.

[157] Antonio Correr, detto *"il cardinale di Bologna"*, nacque a Venezia il 14 gennaio 1369. Morì a Padova il 19 gennaio 1445. Membro della nobile famiglia veneziana dei Correr, era figlio di Filippo Correr e di Chiara Venier, nipote di Papa Gregorio XII.

[158] Futuro Antipapa Giovanni XXIII, di cui parleremo più avanti.

[159] Nato a Tulle, appartenente a una famiglia nobile del Limosino, era

Due cardinali diaconi, due vescovi e due notai si avvicinarono con fare solenne alle porte della chiesa e, aprendole, con voce forte, invitarono in lingua latina i pontefici rivali ad apparire, ma nessuno rispose. «*È stato nominato qualcuno per rappresentarli?*», aggiunsero, e ancora nessuno rispose. I delegati ripresero posto e richiesero che *Errorius* e *Benefictus* fossero dichiarati colpevoli di contumacia. Tale cerimonia fu ripetuta senza successo nei tre giorni successivi; per tutto il mese di maggio furono sentiti numerosi testimoni ma la dichiarazione formale dell'accusa di ribellione non ebbe luogo che alla quarta sessione. In difesa di Gregorio, un'ambasciata tedesca, contraria al progetto conciliare dei cardinali in assemblea, si recò a Pisa il 15 aprile, rispondendo all'istanza di Roberto di Baviera, re dei Romani. Giovanni, Arcivescovo di Riga[160], si fece ambasciatore di numerose obiezioni, ma in generale i delegati tedeschi suscitarono un'ostilità tale da essere costretti a lasciare la città. La linea di condotta adottata da Carlo Malatesta[161] principe di Rimini, si dimostrò diversa: difese Gregorio indicandone le qualità di uomo di lettere, di oratore, di statista e di cavaliere, ma anch'egli fallì.

Il 5 giugno, durante la XV sessione, la condanna dei due contendenti fu infine formalmente definita. Non mancò una

nipote per parte di padre a Clemente V e per parte di madre Gregorio XI. Fu Vescovo di Lodève dal 1370 e l'anno successivo di Poitiers. Nel concistoro del 20 dicembre 1375 fu nominato cardinale da Gregorio XI con il titolo *di Santa Croce in Gerusalemme*. In seguito divenne Vescovo di Palestrina (dal 1384 al 1412). Fu decano del Collegio cardinalizio nell'obbedienza avignonese, dall'agosto del 1405 al giugno del 1409. Partecipò al Concilio di Pisa e all'elezione papale di Pietro Filario da Candia, che prese il nome di Alessandro V. Rimase decano del Sacro Collegio nell'obbedienza pisana.

[160] Johannes von Wallenrodt. Nato il 27 settembre 1393. Arcivescovo di Riga e nominato poi Vescovo di Liegi. Morì il 30 maggio 1418.

[161] Carlo Malatesta nacque nel 1368. Fu signore di Rimini, Fano, Cesena e Fossombrone. Morì a Longiano nel 1429.

certa emozione quando il Patriarca latino di Alessandria, Simon de Cramaud[162], indirizzò all'assemblea queste parole: «*Benedetto XIII e Gregorio XII sono riconosciuti come scismatici, eretici conclamati, colpevoli di spergiuro e violatori di solenni promesse, in aperto scandalo della Chiesa universale. In conseguenza, essi sono dichiarati indegni del Pontificato Supremo, e sono ipso facto deposti dalle loro funzioni e dignità ed espulsi dalla Chiesa. È proibito loro d'ora in avanti di considerarsi Pontefici Supremi e tutte le iniziative e le promozioni da loro fatte sono da considerarsi nulle. La Santa Sede è dichiarata vacante ed i fedeli sono liberati dalla loro promessa d'obbedienza*». Queste parole furono salutate con un applauso gioioso, il *Te Deum* fu cantato e un corteo solenne fu ordinato per il giorno successivo, festa del *Corpus Domini*. Tutti i membri apposero le loro firme alla delibera del Concilio: sembrò che lo Scisma fosse giunto ad una conclusione.

«*Se Gregorio s'era ritirato in un'astensione piena di disprezzo, il suo rivale, come abbiamo visto, aveva inviato dei delegati al concilio. I suoi rappresentanti, tra cui anche Bonifacio Ferrer fratello di San Vincenzo, partirono con enorme ritardo e, viaggiando per terra, arrivarono a Pisa solo dopo il 10, cioè quando ormai tutto era compiuto. I delegati aragonesi ottennero a gran fatica di essere ascoltati. Il venerdì 14, in un simulacro d'udienza, dodici cardinali li ricevettero in San Martino: ci si limitò a comunicare loro il decreto del 5 che deponeva il loro signore ed essi si ritirarono profondamente umiliati. Abbandonarono Pisa in gran fretta. Non essendosi levata nessuna voce discorde, tutti si affrettarono, dopo aver distrutto a ricostruire. Il conclave era imminente*»[163].

[162] Simon de Cramaud nacque a Cramaud nel 1345. Prese posizione contro l'antipapa Benedetto XIII, con cui trattò chiedendone l'abdicazione. Partecipò a lunghi infruttuosi negoziati per risolvere il Grande Scisma d'Occidente. Morì a Poitiers il 15 dicembre 1422.

[163] A. Fliche-V. Martin, *Storia della Chiesa*, cit., vol. XIV/I, p. 214.

Il 15 giugno i cardinali si ritrovarono nel palazzo arcivescovile di Pisa per procedere all'elezione di un nuovo papa. Il Conclave durò undici giorni. Furono pochi gli ostacoli provenienti dall'esterno e non produssero ritardi significativi. Si disse che nel clero riunito a Pisa si brigasse per l'elezione di un papa francese, ma il 26 giugno del 1409, con il concorso e l'influenza dell'energico Baldassarre Cossa, i voti s'indirizzarono unanimemente in favore del Cardinale Pietro Philargès[164], che prese il nome di papa Alessandro V. La sua elezione era attesa e desiderata, come testimoniarono le manifestazioni di simpatia che egli e le posizioni conciliari ricevettero. Poté presiedere le ultime quattro sessioni del Concilio, confermò tutte le ordinanze fatte dai cardinali dopo il loro rifiuto d'obbedienza agli antipapi, riunì i due sacri collegi, a lungo rimasti separati, e dichiarò che avrebbe lavorato energicamente per la riforma.

VI. 4 *Ancora verso la Francia*

San Vincenzo rimase a Perpignano circa un mese perché testimonianze scritte ci narrano che il 29 novembre il Santo fece il suo ingresso in Monpellier[165].

[164] Detto anche Pietro di Candia nacque probabilmente a Neapoli nel 1339 circa. Ancora giovane, entrò nell'Ordine francescano. Le sue doti intellettuali erano tali che venne mandato a studiare nelle università di Oxford e di Parigi. Dopo la nomina a cardinale da parte di papa Innocenzo VII, nel 1405, dedicò tutte le sue energie alla riunificazione della Chiesa, nonostante i due Papi rivali. Fu uno dei promotori del Concilio di Pisa e la sua politica incorse nella riprovazione di Gregorio XII, che tolse a Filargo sia la dignità di arcivescovo che quella di cardinale. Morì a Bologna, il 3 maggio 1410.

[165] Città del sud della Francia, capitale della regione di Languedoc-Roussillon e del dipartimento dell'Hérault. Fondata nell'XI secolo, la città

«Il giovedì 29 novembre, dopo l'ora di vespro, entrò in Montpellier il R. F. Vincenzo Ferreri dell'ordine de' predicatori; maestro in sagra teologia, eccellentissimo predicatore: ed il giorno seguente di S. Andrea apostolo predicò al popolo le glorie del santo nel cimiterio de' frati predicatori, luogo anticamente destinato e consueto per predicare, allorchè la città era numerossima di popolo avanti l'anno 1348 quando attesa la crudele pestilenza rimase essa spogliata quasi de' suoi cittadini. E prese per tema queste parole: Dives in omnes qui invocant illum. *Il sabato predicò nel medesimo luogo su quelle parole,* Ecce dies veniunt, dicit Dominum. *E la domenica parlò della venuta del giudice, presso il tema:* Benedictus qui venit in nomine Domini. *Spiegò nel lunedì nel luogo stesso, le arti colle quali l'anticristo tirerà a se i popoli, valendosi del tema:* Induimini arma lucis. *E nel martedì trattò della cagione per cui Iddio permetterà che l'anticristo faccia tanti e si grandi mali, sul tema:* Dicite quia Dominus his opus habet. *Nella feria quarta predicando nel detto luogo su quelle parole:* Reminescamini quia ego dixi vobis, *parlò della venuta dell'anticristo, dicendo che doveva in breve venire. Nel giovedì predicò in lode di S. Niccolò, valendosi di quel testo:* In diebus suis placuit Deo. *Ma nel venerdì seguente tornò a predicare della fine del mondo, sulle parole:* Ite in castellum quod contra vos est. *E finalmente nel sabato, disse cose mirabili della concezione della B. Vergine, sul tema:* Ego jam concepta eram. *Furono tra tutte nove le prediche; nelle quali, quanto si riempirono i cuori degli uditori di consolazione e di divozione nell'udire le glorie de' santi soprannominati e della regina de' santi Maria altrettanto riempironsi di terrore per la venuta del sommo giudice, e di utilissimo spavento al sentire le orribili crudeltà dell'anticristo e le somme calamità di quegli ultimi tempi della fine del mondo. Ed oltre le nove solenni prediche fatte in questa città per un triduo, nel dopo pranzo si portò a sermoneggiare a' monasteri delle monache. Il lunedì a*

è famosa per la sua università, dove Petrarca iniziò gli studi, e per aver dato i natali a San Rocco, coevo di San Vincenzo.

quello detto della Provilla delle monache di San Domenico. Nel mercoledì al monastero di quelle di S. Egidio e nel giovedì al monastero delle suore dell'ordine di S. Francesco, senza permettere l'intervento di verun secolare, attesochè loro parlava della osservanza della regola, delle proprie costituzioni e di molte altre cose religiose. Presto si partì da Montpellier, poiché a dì 8 di decembre dopo la predica della mattina, partì dopo il pranzo co' suoi compagni a piedi verso il castello di Frebregues, dove nella seguente domenica (come nella detta memoria si soggiunge) predicò la vicina fine del mondo sul tema: Erunt signa in Sol et Luna, *e disse che nel giorno seguente voleva in Loupiam parlare della gloria de' beati in paradiso, e delle pene che soffrono le anime del purgatorio e dell'inferno*»[166].

Terminati questi giorni, riparti da Montpellier con lo scopo di ritornare a Perpignano per ultimare il trattato della rinuncia di Pedro de Luna e per far sì che riconoscesse il Concilio di Pisa. Con molte insistenze ottenne l'invio di alcuni delegati, tra cui suo fratello Bonifacio, al Concilio di Pisa. Alla fine di gennaio al Concilio giunse la notizia che erano stati inviati delegati di Benedetto tra cui anche Bonifacio Ferrer ma purtroppo arriveranno troppo tardi per presentare le loro istanze.

Il Cardinale Brancaccio[167] allora volle scrivere una lettera al fratello del Santo che chiudeva in questo modo: «*Scusatemi se non ho scritto al nostro Signore Benedetto XIII, io so che prenderà male le mie parole. Salutate da parte mia vostro fratello Vincenzo mio carissimo amico col quale Iddio voglia possa ancora intrattenermi. Vi conservi l'altissimo felicemente e lungamente. Scritta in Pisa il penultimo di gennaio 1409*»[168].

[166] A. Teoli, *Storia della vita e del culto...*, cit., pp. 54-55.

[167] Rinaldo Brancaccio nacque a Napoli. Elevato a cardinale diacono da papa Urbano VI, partecipò a ben sei conclavi. Morì a Roma 27 marzo 1427.

[168] P. Fages, *Histoire de Saint Vincent Ferrier*, cit., p. 208.

San Vincenzo però era partito già da Perpignano alla fine di dicembre per fare ritorno in Spagna.

VI. 5 *Audizioni lontane*

A questo periodo risalgono episodi nei quali San Vincenzo viene ascoltato anche a distanze chilometriche.

Mentre il Santo era a Nimes[169], un monaco dell'Abbazia di Villeneuve-lez-Avignon[170] chiese al suo abate di potersi recare ad ascoltare la predica di Maestro Vincenzo. Il superiore quasi sbeffeggiando il monaco gli rispose di salire sulla torre del monastero, che l'avrebbe ascoltata. Il monaco fece così ed «*ebbe il privilegio di ottenere quanto desiderava: potè ascoltare la parola del Santo perfettamente distinta e chiara, tanto che riuscì perfino a trascriverla, praticamente senza perdere una sillaba.[...] L'avverarsi di un fatto tanto meraviglioso fu noto anche allo stesso Vincenzo, il quale al termine della predica disse ai suoi uditori: «Figlioli miei, venuti alla mia predica, cercate di non dimenticare le parole ascoltate, poiché ci sono molti che vorrebbero udirle, come voi; e tra essi vi è un religioso di un monastero lontano molte miglia, alle cui orecchie sono arrivate tutte le parole di questa predica*»[171].

Il monaco riuscì a trascrivere tutto il testo della predica, che consegnò all'abate il quale ebbe conferma dell'originalità del teste da parte di quanti avevano udito dal vivo la predica di San Vincenzo.

Altri fatti identici a questo si verificarono ancora: quando egli predicò a Puycerdan in Catalogna una donna lo ascoltò

[169] Comune francese capoluogo del dipartimento del Gard nella regione della Linguadoca-Rossiglione. Il centro abitato ha origini preromane ma assunse caratteristiche urbane in età romana, divenendo una delle più importanti e fiorenti città delle Gallie.

[170] La distanza tra le due località è di 45 km ca.

[171] U. TOMARELLI, *San Vincenzo Ferreri...*, cit., p. 129.

dalla città di Livia; un monaco di Valldigne e il sacrestano di Sueca lo ascoltarono mentre predicava a Valencia.

Il processo di canonizzazione ci riporta ancora un fatto accaduto nel 1411 nei dintorni di Toledo, molto simile a quello raccontato in precedenza. San Vincenzo aveva fatto sosta in un monastero di Cistercensi per predicare ai religiosi. Uno di essi chiese al superiore la possibilità di seguirlo, almeno fino alla prossima sosta per poterlo udire ancora una volta. L'abate si oppose e il monaco, pieno di desiderio, decise di salire sulla torre del monastero, rivolgendosi in direzione del viaggio percorso dal Santo che era giunto intanto a Toledo. Il religioso riuscì ad intendere perfettamente le parole della predica di Maestro Vincenzo e, come nel caso precedente, trascriverle e portarle all'abate. Il superiore decise allora di riunire tutta la comunità e dare lettura del testo della predica del Santo.

Capitolo VII

Ritorno in patria

Vincenzo è ormai necessariamente diretto verso la sua città natale. Le lettere che gli vengono inviate si fanno sempre più pressanti e le richieste di intervento nelle tante situazioni si fanno più accorate. Nonostante questo, però, Vincenzo non rinuncia ad essere inviato del Signore per tutti e, seppur in maniera più spedita, si ferma in ogni paese e villaggio per annunciare la Parola di Dio, confortare gli afflitti e guarire gli ammalati.

VII. 1 *La lettera di Don Martino e la Catalogna*

Nei primi mesi del 1409, San Vincenzo ricevette una lettera da parte del Re Martino che lo invitava a dirigere i suoi passi verso la Catalogna a motivo di gravi crisi sociali.

Riporta il testo della lettera: «*Maestro Vincenzo, noi abbiamo un vivo desiderio di trattare con voi certi argomenti che non è il caso di scrivere in questa lettera. È per questo che vi preghiamo affettuosamente di venire in nostro aiuto con i vostri consigli. Ci farete così un piacere tutto particolare. Scritto a Barcellona, dal nostro trono, il 22 gennaio 1409*»[172].

Ricevendo questa missiva, Vincenzo Ferrer ridiscese da Perpignano verso la Spagna. La prima tappa fu Elne[173], allora sede episcopale (poi trasferita da Clemente VIII nel 1601 a Perpignano) con la chiesa dalle due torri monumentali e con

[172] P. Fages, *Histoire de Saint Vincent Ferrier*, cit., p. 209.

[173] Comune francese situato nel dipartimento dei Pirenei Orientali, nella regione della Linguadoca-Rossiglione.

il chiostro che supera la bellezza di quello di Mont Saint-Michel[174]. Elne aveva un convento di Domenicani che ora non esiste più. Alla fine dell'Ottocento esisteva ancora solo una Confraternita di Penitenti neri fondata dal Santo. Sulla strada di Elne vi era Gerona[175], dove San Vincenzo ricevette la professione religiosa del Beato Pierre Queralt.

Il 23 marzo 1409 arrivò nel piccolo villaggio di Santa Maria de Ulla, chiamata oggi Torricella de Mongri. Testimonia infatti il *Cronicon Ulianense* che San Vincenzo giunse con 12 preti e seguìto da una folla numerosa.

Il 30 marzo giunse a Gerona, fu ricevuto con grande onore sia dai religiosi del Convento di San Domenico, sia da tutti i cittadini. Sappiamo che il 4 di aprile i Giurati della città inviarono al Convento un grande dono di pesce e altri abbondanti alimenti per il sostegno del Santo e della sua comitiva.

Sulla scalinata che conduce alla Chiesa del Convento dei predicatori troviamo la scritta: «*Qui il 13 aprile 1409 davanti a ventimila persone San Vincenzo predicò. Egli disse che dopo il giudizio finale quando gli angeli accompagneranno i beati al cielo gli canteranno «Felice giorno, felice ora, felice tempo, felice dimora, ne' quali il peccato abbandonasti! Felice giorno, felice ora, felice tempo, felice dimora, ne' quali il Salvatore seguitasti! Felice giorno, felice ora, felice tempo, felice dimora, ne' quali dolente il male detestasti!*»[176].

[174] Isolotto tidale situato presso la costa settentrionale della Francia. La notevole architettura del santuario e la baia nel quale l'isolotto sorge con le sue maree ne fanno il sito turistico più frequentato della Normandia e uno dei primi dell'intera Francia.

[175] Città situata in Catalogna, capoluogo della provincia omonima. Nel sec. XIII la città ebbe una grande fioritura grazie anche alla scuola giudaica, una tra le più importanti. Tuttavia, nel secolo successivo anche a motivo del matrimonio tra Isabella di Castiglia e Ferdinando II d'Aragona, chiamati i *re cattolici*, i loro due regni furono unificati in un unico regno di Spagna e tutti gli ebrei cacciati fuori dai confini.

[176] A. Teoli, *Storia della vita e del culto...*, cit., p. 55.

«Ad un cenno di Vincenzo, il bambino riconosce il padre»

In questo passaggio del Santo a Gerona avvenne un altro fatto molto particolare. Una donna maltrattata e accusata di adulterio da suo marito, il quale non voleva credere alla legittimità di suo figlio, andò a chiedere conforto a San Vincenzo e il Santo le rispose: «*Pregate, e venite al sermone con vostro figlio*». La donna fece così e il Santo, mentre stava predicando, si fermò improvvisamente e rivoltosi al piccolo disse: «*Va' ad abbracciare tuo padre*». Il piccolo si mosse e camminando in mezzo alla folla andò ad abbracciare suo padre, che da marito geloso e prepotente tornò con la gioia nel cuore.

Intanto re Martino, preoccupato del ritardo del Santo, attraverso il Rev.do P. Francesco Perera, penitenziere del Papa, gli inviò un'altra missiva con la quale lo invitava ad affrettare i suoi passi verso di lui. San Vincenzo passò quindi a Vic[177] dove nella piazza del mercato, in occasione del suo sermone e col permesso reale, furono tolti i banchi del macello e anche quelli delle imposte affinchè le tantissime persone, giunte per l'occasione, potessero ascoltare la predica. Dopo questo fatto, i banchi non furono mai più rimessi e la gente si ritrovò così libera dai balzelli erariali del Re. Ancora oggi sulla facciata di una casa di Piazza maggiore compare questa targa in dialetto catalano:

TIMETE DEUM
DIVENDRES TRENTA HU MAYG
ANY MIL QUATRE CENS Y NOU
AQUEST MERCADAL CONCLOU
QUE EN ELL PREDICA AL DESPAIG
SANT VINCENS FERRER QUE MOU[178]

Da Vic, forse anche a motivo delle pressanti richieste, decise di incamminarsi speditamente verso Barcellona.

VII. 2 *Barcellona e l'angelo guardiano*

Dopo tanto attendere, il Santo giunse il 14 giugno finalmente a Barcellona, città dove aveva trascorso tanti anni della sua giovinezza e dove tante volte il Signore aveva manifestato i suoi doni. Tutta la nobiltà e il popolo, con indicibile gioia, andarono a riceverlo all'ingresso della città. Vi andò anche il re con la sua corte che all'arrivo del Santo esclamò: «*Benedetto*

[177] Comune spagnolo situato nella comunità autonoma della Catalogna e capoluogo della comarca d'Osona, situata sulle rive del Mèder, a metà strada fra Barcellona e il confine francese ai piedi dei Pirenei.
[178] P. FAGES, *Histoire de Saint Vincent Ferrier*, cit., p. 215.

sia Dio che infonde la sua grazia a questo popolo con la venuta di questo Santo e la sua apostolica predicazione e santa vita».

Giunto il Santo all'ingresso della città, si fermò improvvisamente davanti alla porta detta allora *Puerta del Orbs* o *Puerta Els* e, guardando in alto, disse in dialetto catalano: «*Angel de Déu ¿Qué fas aquí? Che fai qui Angelo di Dio?*». Dopo un po', come se avesse ricevuto una risposta soddisfacente, attraversò la Porta. A chi gli chiedeva che cosa avesse visto e con chi avesse parlato raccontò di aver visto un grande Angelo con una spada nella mano destra e una corona regale nella mano sinistra, che aveva affermato, sempre in dialetto catalano, di essere per ordine dell'Altissimo, l'Angelo protettore di Barcellona e che gli avrebbe dato aiuto. Gli abitanti di Barcellona, saputa la visione di San Vincenzo, rinominarono subito *Puerta del Orbs* in *Puerta del Angel* e, nel 1466, fu costruita lì nei pressi una cappella con una statua dell'Angelo di Barcellona. Oggi purtroppo, non esistono più né la Porta, né la Cappella.

Una memoria di quel giorno annota: «*Devesi notare, che quest'anno entrò in Barcellona il venerabile maestro F. Vincenzo Ferreri il 14 del mese di giugno con gran moltitudine di uomini e di donne, che da diverse parti del mondo lo seguivano per le sue meravigliose prediche e vita. Predicava nelle piazze della città, e i frati fecero spianare l'orto del convento e distruggerlo, acciocchè ancor ivi predicasse come faceva, e vi celebrasse la messa la mattina a bonissima ora; concorrendovi tutta la città, perché da lui usciva virtù tale che sanava tutti. Ed operò altre cose che lunga impresa sarebbe il raccontarle*»[179].

Il Teoli prosegue narrando che otto giorni dopo l'ingresso del Santo nella città, «*non essendo state accolte le sue turbe come convenivasi dalla città, si legge nel libro de' decreti del consiglio de' trenta, che il 22 giugno: fu proposto circa alla venuta in Barcellona di Maestro Vincenzo Ferreri dell'ordine de' predicatori, uomo*

[179] A. Teoli, *Storia della vita e del culto...*, cit., p. 56.

grandemente divoto, il quale era stato per lettere e per ambasciatori chiamato dalla città mossa dalla sua ottima fama, e tante operazioni che aveva fatte in Val-pura, e che faceva di continuo predicando il nome di N. S. Iddio da per tutto il mondo; perlochè era seguito da moltitudine di gente che di mano in mano lasciavano quanto avevano per seguirlo; ed essendo cosa nota alla città che in tutte le parti ove andava il detto maestro Vincenzo Ferreri, con tutta la gente della sua compagnia, hanno avuto maggior ricovero, che in Barcellona con vergogna grande di lei, che gli aveva scritto chiamandolo, essendochè quelli che vanno seco non sono alloggiati né trattati nella maniera che si dovrebbe si nel vitto come nel vestito; che pertanto si servisse il consiglio di determinare sopra di ciò. Alla quale proposta seguì il decreto dello infrascritto tenore, sopra di questo accordò il consiglio che la città deputasse due uomini dabbene, a' quali si appartenesse lo in vigilare e conoscere, se quei che venivano con maestro Vincenzo Ferreri fossero bisognosi di cosa alcuna, e che la città loro somministrasse trecento fiorini per impiegarli in ciò che fosse per quelli necessario; cioè per calsare, vestire e per altre somiglianti cose. Perocchè in altra maniera sarebbe stata vergogna e viltà della città, che lo aveva fatto venire, se non avesse avuto alcun riguardo verso di quella gente tanto dabbene; accolta da tutti i popoli ovunque passavano. E che nel primo consiglio de' cento giurati che si terrebbe, fosse proposto il presente decreto, acciocchè si confermasse e approvasse»[180].

VII. 3 *Extrema gaudii luctus occupat*

Mentre San Vincenzo proseguiva le sue prediche, a Barcellona, il 14 luglio, giunse la notizia che don Martino, re di Sicilia e figlio di Martino Re di Aragona, aveva ottenuto la vittoria in Sardegna.

[180] *Ibidem*, pp. 56-57.

Martino il Giovane, infatti, era arrivato in Sardegna, nell'ottobre del 1408, con l'incarico da parte del padre Martino il Vecchio di riconquistare alla corona d'Aragona l'isola dopo la morte, senza eredi, del giudice di Arborea Mariano V[181]. Nel mese di dicembre fu chiamato in Sardegna il duca di Narbona, Guglielmo III[182] che il 13 gennaio fu incoronato giudice a Oristano.

Guglielmo marciò verso il cagliaritano e gli eserciti si scontrarono a Sanluri[183], il 30 giugno del 1409, dove Martino vinse la battaglia e gli alleati del giudice, i genovesi, dovettero lasciare l'isola.

La notizia giunse portando tanta gioia in Barcellona dove si fecero grandi feste, ma come dice il Teoli riportando le parole del libro del Qoelet: «*extrema gaudii luctus occupat – cioè a dire che i gaudi del mondo sogliono ben spesso terminare in lutto*»[184]. Dopo pochi giorni, infatti, giunse la notizia che il Re di Sicilia, il 25 luglio, era morto a Cagliari a causa della malaria all'età di appena 35 anni.

[181] Nacque nel 1378 circa. Era il fratello minore del giudice Federico di Arborea che governò sotto la reggenza della loro madre, la celebre Eleonora d'Arborea. Il padre, Brancaleone, venne fatto arrestare da re Pietro il Cerimonioso, come merce di riscatto nei confronti della rivale Arborea. Mariano V morì di peste nel 1407, senza lasciare eredi diretti e causando così una crisi di successione, che si risolse a favore di Guglielmo III di Narbona, nipote di sua zia Beatrice.

[182] Guglielmo III di Narbona nacque nel 1370 fu visconte di Narbona dal 1397 al 1424 e fu giudice di Arborea dal 1407 al 1420. Morì a Verneuil il 14 agosto 1424.

[183] Comune della Sardegna. È capoluogo della provincia del Medio Campidano. Nel 1355 vi fu firmato un famoso trattato di pace tra gli Aragonesi e gli Arborensi. Furono gli Aragonesi, agli ordini di Martino il Giovane, che nel 1409 sconfissero i sardi e distrussero il borgo. Dopo la morte per malaria di Martino il Giovane, il villaggio fu ricostruito unitamente al castello.

[184] A. Teoli, *Storia della vita e del culto...*, cit., p. 57.

Martino il Vecchio ormai era rimasto solo e senza eredi. Il Pontefice Benedetto decise allora di rivolgersi a San Vincenzo per inviarlo a portare questa notizia non certo gradevole. Il Santo vi andò, accompagnato dai magistrati e dalla nobiltà Barcellonese, e quando il re vide i loro volti comprese subito che nessuna buona nuova avrebbero potuto annunciargli quegli emissari. San Vincenzo esordì dicendo: «*Sire, i re della terra non sono immortali: si nel nascere come nel morire sono uomini, avvengachè venerati, come luogotenenti di Dio sulla terra. Il re de' re ha chiamato al suo regno il re di Sicilia. Vostra altezza come re tanto cattolico e pio, riceva questo colpo come venuto dalla mano soave e pietosa dello altissimo, che mortifica quelli che ama. So che il colpo è molto sensibile; ma tutti aiuteranno l'altezza vostra a raccomandare con orazioni, mortificazioni e suffragi la di lui anima, acciò vada presto a godere l'eterna corona. Tutti i vassalli dell'altezza vostra piangono questo successo; né per consolarli può esservi altro rimedio, che vedere vostra altezza uniformata al divino volere*»[185].

Il re con molta mestizia accolse la notizia e come il Santo gli aveva raccomandato, reagì cristianamente alla scomparsa di questo suo unico figlio ed erede.

Si poneva quindi il problema della discendenza tanto che Martino, nel mese di settembre, decide di convolare a nozze con donna Margherita di Prades[186]. Il matrimonio fu celebrato il 17 settembre a Bellesguard[187] da Benedetto XIII e assistet-

[185] *Ibidem*, p. 58.

[186] Margherita di Prades nacque nel 1395. Fu regina consorte di Aragona, di Valencia, di Maiorca, di Sardegna e di Corsica, Contessa consorte di Barcellona. Morì a Riudoms, tra il 1422 e il 1429.

[187] Castello costruito dall'ultimo re della dinastia catalana, Martino I di Aragona, che l'aveva utilizzato come residenza estiva nel 1410. Nello stesso luogo sorge ora la torre di Bellesguard, progettata da Antoni Gaudì e costruita tra il 1900 e il 1909. L'artista si ispirò all'antico castello, del quale utilizzò nella ricostruzione i pochi ruderi rmasti.

te anche San Vincenzo che celebrò, subito dopo, la messa dei novelli sposi. In seguito a questi fatti, ci riportano i biografi che San Vincenzo e il Papa aragonese si incamminarono in pellegrinaggio al Santuario della Madonna di Monserrat.

VII. 4 *Tra Catalogna e Aragona*

Nel discendere verso Saragozza[188], tratto obbligato è il passaggio a Manresa[189]. Un importante documento testimonia che il 30 settembre 1409 i Consiglieri attendevano l'arrivo di Maestro Vincenzo. Il 17 ottobre gli conferirono il compito dell'arbitraggio di pace tra Manresa e il Borgo di Sampedor[190]. Il 26 ottobre l'arbitrato fu accettato dalle parti e posto nelle mani del Santo, che affidò le pratiche da svolgere al suo compagno Antonio Fuster. In questa città un secolo dopo avvenne il passaggio di Sant'Ignazio di Loyola[191] il quale, accolto nel Convento dei Domenicani, iniziò la redazione dei conosciuti Esercizi Spirituali. In quella chiesa era conservato ancora il pulpito da dove San Vincenzo aveva predicato e

[188] Città della Spagna,capoluogo della regione Aragona e della provincia e comarca omonime.

[189] Comune spagnolo della Catalogna, e capoluogo della comarca del Bages. È situato sulla riva sinistra del *riu Cardener* a poca distanza dalla sua confluenza col Llobregat. Dal 1351 fece parte del Ducato di Gerona che era stato istituito per l'erede della corona Giovanni I di Aragona che, divenuto re, istituì a Manresa nel 1393 un consiglio per il governo formato da 100 giurati. Già in questo tempo Manresa era nota per la filatura della lana e la fabbricazione di tessuti.

[190] Sampedor è una città e un comune spagnolo situato nella comunità autonoma della Catalogna. È situato inmediatamente a nord di Manresa, nella provincia de Barcelona.

[191] Ignazio di Loyola, nacque a Azpeitia il 24 dicembre 1491. Fondatore della Compagnia di Gesù (i Gesuiti). Morì a Roma, il 31 luglio 1556. Nel 1622 fu proclamato santo da papa Gregorio XV.

si racconta anche, che una notte, presso l'altare di San Vincenzo, il fondatore dei Gesuiti ebbe la visione della SS.ma Trinità.

Da Manresa San Vincenzo si mosse verso Lerida, città che tante volte aveva visto la sua presenza negli studi e nell'insegnamento. San Vincenzo vi giunse il 15 dicembre e non sappiamo esattamente quanto vi sia rimasto perché un vecchio manoscritto afferma che: «*l'anno del Signore 1409, il giovedì delle Quattro Tempora di dicembre il venerabile Maestro Fr. Vincenzo Ferrer predicò davanti a Benedetto XIII nella residenza reale chiamata Torre de Ramon de Spla in Barcellona. Ai suoi nobili uditori egli insegna una preghiera dalla quale tutte le anime sincere otterranno da essa grandi benefici*»[192] (riporto questa preghiera in *Appendice*).

Secondo le opinioni di qualche autore, alla fine del 1409 San Vincenzo si sarebbe imbarcato nuovamente in Italia. Ciò che lo avrebbe spinto a questa scelta trova la sua motivazione in quel rifiuto che egli stesso fece all'invito dei Fiorentini come abbiamo descritto nel capitolo 4.

Avvenne però che nel 1408 quel Fra Giovanni Dominici fu creato Cardinale da Gregorio XII privando così Firenze della sua predicazione. Motivo per cui San Vincenzo avrebbe deciso di recarsi a Firenze e rispondere così a quell'invito disatteso qualche tempo prima.

Tuttavia non essendoci notizie e conferme a questa ipotesi, potremmo anche pensare che sebbene San Vincenzo avesse preso in seria considerazione l'ipotesi di imbarcarsi nuovamente per l'Italia sarebbe stato fermato e indotto ad affrettare il suo cammino verso Valencia da altre e più pressanti missive da parte dei sovrani, come vedremo più avanti.

[192] P. FAGES, *Histoire de Saint Vincent Ferrier*, cit., p. 234.

VII. 5 *Finalmente verso Valencia*

San Vincenzo ormai è fermamente diretto verso Valencia ma su questo tratto di cammino poche sono le attestazioni scritte, molte quelle popolari tramandate nel tempo.

A Montblanc[193] si raccontano alcuni singolari e curiosi avvenimenti. Il primo riguarda *Chernia*, l'asino di cui San Vincenzo si serviva per i suoi spostamenti. «*L'Asino aveva bisogno di essere ferrato, e Vincenzo si recò da un maniscalco, e quello in silenzio fece il suo lavoro. alla fine questi attendeva di essere pagato, e fu allora che Vincenzo dovette confessargli con tante scuse di non avere soldi da dargli, e scusandosi ancora stava per dargli la sua benedizione. Non l'avesse mai fatto; il maniscalco cominciò a sbraitare e a bestemmiare con male parole. Allora il Santo ricolto alla bestia le disse: Orsù, Chernia (era questo il nome col quale il Santo soleva chiamare quella bestia), restituisci i ferri e i chiodi a chi te li ha messi ai piedi. E l'asinello, dimostrando di aver subito capito, cominciò a scalpitare e a impennarsi buttando all'aria tutti e quattro i ferri dei piedi e i loro chiodi dinnanzi all'iroso maniscalco reso trasecolato; e a lui Vincenzo disse: Orsù, figliolo, prendete la roba vostra e non vi inquietate più. Ma alla vista di quanto era accaduto il poveretto ancora sbalordito si gettò ai piedi del Santo chiedendogli perdono di quanto era successo; e subito levatosi pose ancora i ferri all'asinello, ben contento ora di rendere servizio a Vincenzo; il quale subito gli dette la benedizione e gli disse: Dio ve lo paghi. E pare che la benedizione fruttasse a lui veramente, poiché da quel tempo le sue cose e quelle della sua famiglia cominciarono ad andare nel modo più prospero, come le stesso maniscalco ebbe ad affermare nella personale deposizione del fatto*»[194].

Il processo di canonizzazione ci riporta anche la storia di

[193] Comune spagnolo situato nella comunità autonoma della Catalogna.

[194] U. Tomarelli, *San Vincenzo Ferreri...*, cit., pp. 187-188.

«Al cenno di Vincenzo l'asinello rende i ferri al fabro scortese»

un uomo che, divenuto sordo in seguito ad una grave malattia, era soggetto anche ad attacchi d'ira che lo rendevano aggressivo con i passanti. Fu cacciato fuori dalla città e per molti anni visse da solo nutrendosi di erbe e carni crude. Una notte gli venne in sogno un uomo vestito di bianco che gli toccò gli orecchi e lo guarì. Al suo risveglio tutti i suoi mali erano cessati e per uno strano istinto fu portato ad incamminarsi verso la città che trovò deserta perché tutti erano ad ascoltare il sermone di Maestro Vincenzo. Giunto in chiesa e vista la folla di malati chiedere la benedizione del Santo, si mise a raccontare a tutti il sogno avuto durante la notte. Da quel giorno l'uomo si associò alla Compagnia di San Vincenzo seguendolo per molto tempo.

Sempre nella città di Montblanc, nella chiesa principale dedicata alla Madonna, mentre stavano lavorando, un ragazzo cadde dall'impalcatura. La paura fu tanta e poco si sperava per la sua vita. Si fece subito ricorso a San Vincenzo il quale, giunto sul luogo, gli si accostò facendogli un segno di croce sulla fronte e dicendogli di non disperare per la sua salute perché gli veniva ridonata. Inoltre gli disse che, in cambio di questa guarigione, e in ringraziamento alla Vergine Santissima, lui e suo padre avrebbero dovuto finire i lavori senza chiedere alcun pagamento.

Ancora un altro miracolo segna il soggiorno di San Vincenzo nella città. Un giorno, tra i tanti malati, gli fu portato anche un storpio che da quindici anni era impedito in tutti i suoi movimenti. Il Santo supplicò la Madonna, diede la benedizione a quell'uomo ed egli si alzò mettendosi a camminare tra lo stupore della gente che gridava al miracolo.

Dopo questi fatti, San Vincenzo proseguì il suo percorso verso Valencia finché giunse a Tortosa[195] dove «*per entrare, fugli di necessità il passare sul fiume Ebro, che bagna le sponde della predetta città. Alì perciò sopra un ponte composto di Barche, ed un tavolato; ma essendo con esso lui affollatasi la sua Compagnia, cominciò a soccombere al gran peso il Ponte, onde apertesi in varie parti le Barche, e riempiute di acqua, già erano in evidente pericolo di sommergersi senza riparo li passeggeri. Diede in alte grida intimorita quella moltitudine di uomini, e Donne, pregando iddio, che la soccorresse in tanta sciagura. Era dinanzi di tutti il* S*ANTO*, *e rivolgendosi a tanto clamore, senz'altro dire, animato dalla sua intrepida fede, fece il segno onnipotente della Croce sopra il Ponte già mezzo sommerso, ed o miracolo! All'istante medesimo s'evacuarono di tant'acqua le barche, e ritornarono a gala, riunitosi da se stesso il tavolato, sopra cui poggiavano i passeggeri, e rimesso il tutto*

[195] Comune spagnolo situato nella comunità autonoma della Catalogna. È il capoluogo della comarca del Baix Ebre.

così fermo, ed aggiustato, tragittò sicuro e lieto tutto quel numeroso esercito, lodando Iddio Signore, che per i meriti di S. Vincenzo avea loro concessa si segnalata grazia»[196].

Era il 29 marzo 1410 quando San Vincenzo giunse a Morella[197] dove vi rimase fino alla fine del mese di maggio. L'ultimo giorno del mese, durante il sermone «*investito dallo spirito profetico interruppe il discorso con queste parole: Io vi avviso tutti quanti mi ascoltate, che nel termine di otto giorni si udirà un tuono spaventoso, il di cui strepito si farà sentire per tutto questo regno, cogli effetti funesti che ne seguiranno di molte morti violente, e per cui si spargerà molto sangue umano*»[198].

Quel giorno, 31 maggio 1410, a Barcellona moriva il Re d'Aragona, Martino *l'Umano*.

VII. 6 *Ultimo tratto*

Dopo la lettera che i giurati di Valencia scrissero nell'agosto del 1399, molte altre missive pressanti furono inviate a San Vincenzo. Avendole riportate in *Appendice*, qui mi limito solamente ad elencarne le date: la prima fu scritta il 12 giugno 1409, la seconda il 28 agosto successivo, la terza il 4 dicembre e la quarta il 25 aprile 1410.

Il 1° giugno 1410, partito da Morella, San Vincenzo entrò a Cati[199]. Gli abitanti erano pervasi da una gioia immensa. Il banchetto d'accoglienza fu affidato ad un celebre cuoco detto *Macerot*. La presenza del Santo rese così onore agli abitanti di Cati che alla sua partenza lo accompagnarono fino alla

[196] G. M. F. Ferrarini, *Ragguaglio istorico della vita...*, cit., pp. 248-249.

[197] Comune spagnolo situato nella comunità autonoma Valenciana. La leggenda vuole che il suo imponente castello sia stato ricostruito dal Cid. La struttura attuale della fortificazione risale comunque al XIII secolo.

[198] A. Teoli, *Storia della vita e del culto...*, cit., p. 59.

[199] Comune spagnolo situato nella comunità autonoma Valenciana.

sommità del monte dove più tardi fu costruita una cappella in suo onore (la posa della prima pietra avvenne il 19 marzo 1610 in riconoscenza dei grandi servizi che il Santo rese a quel luogo nei primi giorni di giugno di due secoli prima).

Ancora oggi sono molti i segni che ricordano la presenza del Santo a Cati: la fonte, la casa dove alloggiò, la grande cappella costruita in suo onore e la pietra sulla quale San Vincenzo impresse una croce nel momento della partenza.

In quest'ultimo tratto di cammino, egli continuò la sua predicazione anche a La Jana, San Mateo e altri borghi di Marstorgo.

Visitò Borriol[200] e tenne lì qualche sermone, tanto che fu edificata a ricordo dell'evento una cappella in onore del Santo taumaturgo e anche il paese da quel momento prese il nome di San Vicente-Borriol.

A Nules[201] avvenne un miracolo che più tardi si ripeterà anche a Muret in Francia. Nella piazza principale erano stati realizzati dei gradini e pedane dove il Santo avrebbe predicato. La folla accalcata sopra le pedane fu talmente tanta che una delle tavole cedette e molte persone caddero. Tuttavia, commenta il Fages, per un evidente prodigio nessuno si fece nulla e il santo poté continuare il suo sermone.

San Vincenzo stesso una volta, in uno dei suoi sermoni, spiegò la motivazione di questa protezione divina: «*Io risponderò ad una questione che mi è stata posta. Perché prima della messa io faccio il segno della Croce verso l'uditorio accalcato sui gradini?Dopo tredici anni che io predico fuori dalle Chiese, io ho fatto le esperienze che vi racconto. In Savoia, il giorno di Natale, io predicai in un Castello dove si trovavano Conti e contesse. Tutte in alto, nella sala si trovavano delle finestre e delle grandi porte. Nel mezzo del sermone, una delle porte cadde di colpo sull'udito-*

[200] Comune spagnolo situato nella comunità autonoma Valenciana.
[201] Comune spagnolo situato nella comunità autonoma Valenciana.

rio. Non fece del male a nessuno tranne rompere una lampada. In un'altra città, la piattaforma era molto elevata e bisognava salirci per una "scala da gatti", quella cadde sulla folla senza fare del male a nessuno. A Reus presso Tarragona, la piattaforma si ruppe ma nessuno ebbe conseguenze. A Chinchilla noi fummo colpiti da un pericolo più grande ancora. È per questo, non vi meravigliate, se io faccio il segno di Croce; con questo segno non c'è più pericolo possibile»[202].

Il cammino del Santo era ormai alle porte di Valencia e nella città di Caudiel[203] ancora si venera una piccolissima immagine della Madonna che la tradizione attribuisce a San Vincenzo. Sembra che egli la portasse durante le sue missioni e che più di una volta sia stata strumento di grazie e di miracoli nelle sue mani. Oggi, questa piccola statua, alta appena 27 cm, è custodita nella chiesa di San Giovanni Battista a Caudiel.

VII. 7 *Ingresso a Valencia*

San Vincenzo aveva ormai sessant'anni e dal 1396 non era più tornato in quella città dove era nato, cresciuto e iniziato il suo cammino di Frate Predicatore. L'impazienza e la gioia dei valenziani era talmente tanta che ad attenderlo abbandonarono tutti, letteralmente, la città per andargli incontro fino alla piana di Zaydia.

Giunto in groppa al suo asino, San Vincenzo fu portato fino in città sotto un sontuoso baldacchino, tra le grida di giubilo della gente. Mentre incedeva, ripeteva ad alta voce: «*Non nobis, Domine, non nobis, sed nomini tuo da gloriam*»[204].

[202] P. Fages, *Histoire de Saint Vincent Ferrier*, cit., p. 257.
[203] Comune spagnolo situato nella comunità autonoma Valenciana.
[204] Sal 115,1.

Riporta il Teoli: «*Lo storico che scrisse l'opera intitolata Dietario Aragonese, ristrinse in brevi parole la magnificenza strepitosa con cui Valenza ricevette solennemente Vincenzo, dicendo: L'anno 1410 entrò in Valenza il R. P. Maestro Vincenzo Ferreri, religioso di S. Domenico, il quale era chiamato* LEGATO A LATERE DI CRISTO»[205]. Continua il Teixidor: «*E il giorno di San Giovanni predicò nel mercato di Valencia alle spalle della Chiesa di San Giovanni. Tutti i giorni cantava la messa con molte lacrime e dopo di essa predicava; i suoi sermoni erano ricchi di grazia che tutte le genti lo intendevano. Continuamente lo seguivano circa 300 persone tra uomini e donne, tra i quali c'erano anche Sacerdoti, laureati e uomini di lettere. Il detto Maestro era di Valencia nella quale si fermò fino al XXVI agosto del detto anno*»[206].

Come in tutti i luoghi in cui si era recato, San Vincenzo anche nella sua città natale avrebbe voluto recarsi nel Reale Convento di San Domenico per avere la benedizione e lì passare la notte come stabilivano le Costituzioni dell'Ordine, che egli aveva sempre osservate.

Tutti i biografi però sono concordi nel sostenere che, a motivo della innumerevole folla di gente, il Santo fu costretto a riparare nella chiesa di San Giovanni detta "*del mercato*" e passarvi la notte.

Qualcosa però ci fa sospettare che le cose non andarono proprio così. Ci illumina infatti il testo dell'ultima lettera che i giurati inviarono al Santo il giorno 17 giugno:

«*Reverendo Maestro e amico carissimo,*

permetteteci di ricordarvi quanto questo popolo desidera ascoltare la vostra santa predicazione e di trovare allo stesso tempo un alimento spirituale, l'occasione di glorificare Dio. Noi vi attendiamo per il giorno di San Giovanni Battista, e vi preghiamo di scegliere

[205] A. TEOLI, *Storia della vita e del culto...*, cit., p. 60.
[206] J. TEIXIDOR, *Vida de San Vicente Ferrer...*, cit., p. 309.

per luogo dei vostri primi sermoni la chiesa consacrata a questo Santo Precursore.

In attesa della vostra venuta tanto sollecita, vogliate credere a quello che vi diranno da parte nostra i portatori della presente.

Che Dio vi aiuti con il suo Santo sguardo e diriga ognuno dei vostri passi.

I Giurati di VALENCIA

Saluti e sincera amicizia nel Signore.
Valencia, 17 giugno 1410»[207].

Capiamo quindi che questa sosta era stata ampiamente premeditata ed esplicitamente richiesta da parte dei giurati. L'arrivo di San Vincenzo alla vigilia della festa di San Giovanni non fu una coincidenza ma una pressante richiesta alla quale il loro figlio più illustre non si sarebbe potuto sottrarre. Egli vi si abbandonò, non senza il permesso del Priore del Convento di San Domenico, e passò quindi la notte nella casa di quella parrocchia.

[207] P. FAGES, *Histoire de Saint Vincent Ferrier*, cit., p. 258.

Capitolo VIII

Dicant valentini

Il Santo è ormai giunto nella sua patria, quella terra che aveva lasciato quasi quindici anni prima e dove non era più tornato. Commentano i biografi che seppure Gesù abbia detto «*nessun profeta è ben accetto nella sua patria*», per San Vincenzo forse ci fu una piccola eccezione. Non è difficile capirne il perché. La necessità e la funzione della sua presenza non fu dettata solamente da aspetti religiosi o di predicazione. Le lettere che i Giurati gli indirizzano lo manifestano apertamente: egli era un uomo che, come dice il Vangelo per Gesù, parlava con autorità e questo faceva di San Vincenzo un punto di riferimento, una guida, un faro nelle tristi e buie vicende storiche del tempo.

VIII. 1 *Contro l'infernal nemico*

Al mattino della festa di San Giovanni Battista, raccontano i biografi che sulla piazza del mercato si riunì molta folla, che alcuni conteggiarono in numero di trentamila. Quella piazza sembrò trasformarsi in un teatro di meraviglie.

Come sempre, il Santo rivolse la sua attenzione ai malati che accorrevano da lui e tra questi gli fu portata una ragazza di soli 14 anni, posseduta dal demonio e talmente tormentata che per portarla furono necessari otto uomini. Appena giunse davanti a San Vincenzo, cessarono le grida e gli urli. La ragazza era come impietrita. Il volto mutò improvvisamente e gli occhi gli si infiammarono come brace ardente. Allora il Santo disse al demonio: «*In nome di Gesù Cristo, io ti ordino di fermare questo tormento*». Subito dopo gli chiese da quanto tempo la tormentava e la ragione per cui era entrato in quel corpo. Il demonio rispose: «*Io non sono solo, ma con molti compagni, che sette anni addietro entrammo nella casa del padre di questa donzella per tentarlo ad uccidere la propria moglie; ma resistendo egli alle nostre suggestioni con farsi il segno della croce invocando Cristo e Maria, vedendoci noi impedito il nostro disegno, sdegnati per vederci delusi, demmo una tale scossa alla casa, che pensando quanti ivi trovavansi che fosse per cader loro addosso e credendo fosse tremuoto, si muniorono tutti con segno della croce fuori che questa fanciulla, allora di dieci anni, che si ascose intimorita sotto di un letto: ed appena la vedemmo senza una tale difesa, che entrammo in essa*»[208]. All'udire queste parole San Vincenzo lo interruppe dicendo: «*Tanto basta, ed uscite fuori di questo corpo senza più replicare*»[209]. A quell'imperioso comando il demonio uscì dal corpo di quella ragazza urlando: «*Ah! Putroppo con verità ti chiamano* VINCENZO, *poiché né l'inferno, ne noi per nostra sventura possiamo resisterti*»[210].

Altre testimonianze ci narrano anche che San Vincenzo riuscì a riportare sulla retta via una donna che viveva in concubinato con un uomo facoltoso. Questi, innervosito dalla cosa, prese in odio il Santo e tutta la sua Compagnia, cercando di gettare su di loro infamie e calunnie al fine di riuscire, senza frutto, a screditarli. Un giorno quell'uomo si presentò al sermone del Santo e, piuttosto che ascoltare, iniziò a deridere le verità annunciate dal Santo. Fu per questo assalito dal demonio che impossessatosi di quel corpo iniziò a tormentarlo. L'uomo iniziò a saltare, piangere, ridere, cantare e, cosa peggiore, si mise ad ululare come se in corpo avesse un branco di lupi.

Immediatamente San Vincenzo, accortosi della cosa, in-

[208] A. TEOLI, *Storia della vita e del culto...*, cit., p. 60.
[209] *Ibidem.*
[210] G. M. F. FERRARINI, *Ragguaglio istorico della vita...*, cit., p. 255.

timò al diavolo di uscire da quell'uomo, ma questa volta il demonio resistette senza obbedire. Allora il Santo si avvicinò, fece un segno di croce sulla fronte dell'uomo e «*in nome del Salvator del mondo, comandò al Demonio, che lasciasse quel miserabile libero dalla sua tirannia, e da impressi tormenti. Volle resistere oltre l'usato lo Spirito malvagio, dicendo: Lascia, che io castighi, e tormenti questo scellerato, in vendetta dell'attentato fatto d'infamarti maligno. Ma a questo, replicò l'amoroso* SANTO*: Io son Servo di* GESÙ CRISTO*, il quale pregò per i suoi nemici, ed in nome di lui ti comando, che senza dilazione alcuna tu ne parta, e senza più tormentar cotest'Uomo, ne altri danneggiare, precipiti a quell'inferno, dove Iddio Signore incatenato ti vuole*»[211]. E così avvenne.

VIII. 2 *Altri fatti e miracoli*

Tra i grandi fatti avvenuti in quel 24 giugno, ci fu la conversione di due ebrei. I loro nomi erano Isac Contè e Ismael Brunet. Narra la tradizione che questi due uomini si erano macchiati di un crudele atto come quello dell'uccisione di alcuni bambini. Affinchè si pentissero amaramente delle loro colpe, prima della condanna a morte, le guardie e le autorità che li avevano arrestati, decisero di portarli ad ascoltare il sermone di Maestro Vincenzo. Il Santo domenicano, quando li vide, rivolse loro il suo monito veemente alla conversione e al pentimento. Ascoltando quelle parole così forti essi scelsero la strada del pentimento fino alla libera richiesta del battesimo. Furono allora affidati alle cure spirituali di P. Giovanni Goffredo Gilberti dell'Ordine della Mercede e nell'essere battezzati, entrambi chiesero che gli fosse imposto il nome di Vincenzo.

Ci viene riferito anche che lo stesso religioso P. Gilberti, in quei giorni, decise di rinunciare alla commenda di Nostra

[211] *Ibidem*, pp. 256-257.

Signora della Mercede in Valencia e aggregarsi alla Compagnia di Maestro Vincenzo.

Altro fatto clamoroso che si registra, riguarda una donna muta dalla nascita. Come tanti altri malati, ella si recò da San Vincenzo, il quale le fece il segno di croce sulla fronte, sulla bocca e le chiese cosa volesse dal Signore. In quell'istante alla donna si sciolse la lingua e disse: «*Tre cose, io domando la salute del corpo, il pane quotidiano e la favella. A cui San Vincenzo: di queste tre cose, due sole te ne saranno concesse, il pane e la salute, non già la terza, perché a te non conviene per salvezza della tua anima. Loda in avvenire il tuo Dio coll'intimo del cuore per quello che ti concede, e non desiderare il parlare. Al che soggiunse la muta: Sia fatto come voi dite*»[212]. Da qual momento la donna tornò ad essere muta e il Santo disse: «*Per molti sarebbe meglio l'esser muti, come per certe donne che son troppo loquaci*»[213].

Come sempre, anche qui a Valencia San Vincenzo era stato seguito dalla sua Compagnia e per essa, il 26 luglio, il Consiglio Generale decretò che «*della somma stanziata per la solennità dell'anniversario* [della morte] *del Signor Re don Martino, di grande memoria, ne restava una parte e doveva essere impiegata per vestire le persone povere della compagnia del Rev.do Maestro Vincenzo Ferrer, sia uomini che donne come era stato previsto dagli onorevoli Giurati, Avvocati e Sindaco della città e dai Sigg. Vincenzo Guardia, Bernardo Antolì, Armando Borrel e Lorenzo Mamblella; se la somma non dovesse essere sufficiente, verrà integrata dalle casse del Comune*»[214].

Viene inoltre segnalato dalle cronache che «*nel mese di Agosto seguente ottenne S. VINCENZO dalla sua città di Valenza uno segnalato favore a benefizio del nostro Convento de Predicatori. Fu questo il seguente. Avea accordato la Città alcuni siti appartati, e*

[212] A. TEOLI, *Storia della vita e del culto...*, cit., p. 61.
[213] *Ibidem.*
[214] J. TEIXIDOR, *Vida de San Vicente Ferrer...*, cit., p. 315.

vacui, che erano all'intorno delle muraglia dell'Orto del Convento, acciocchè alcuni particolari potessero in quelli alzare fabbriche di Case. Coteste fabbriche incomodato al certo averebbono non poco la nostra abitazione, e recata molta soggezione. S'impegnò non per tanto S. VINCENZO a procurare, che il fatto non seguisse, e rimanessero consolati li suo Fratelli, in togliendo a loro il pericolo di non pochi disordini. A tal'effetto parlò egli con manieroso calore alli Giurati, e fu sì efficace la sua rappresentanza, che attesa la somma venerazione, che que' Padri della Patria portavano a questo suo Figlio, unanimemente con ammirevole degnazione il Decreto già fatto rivocarono, restituendo a quelli, che erano concorsi il danaro, che di già per la compera sborsato aveano. Registrossi con l'autentica l'atto a 24 di Agosto a favore del Convento; e leggesi eseguito così: Per il molto, che al Padre Maestro Fr. VINCENZO la Città dovea, pregava da esso con vive istanze, si deliberò di acconsentirgli etc.»[215].

VIII. 3 *Il Purgatorio della sorella Francesca*

Padre Teixidor fa risalire a questo periodo l'episodio dell'apparizione dell'anima di Francesca Ferrer a suo fratello Vincenzo.

Ella, sposata con Bartolomeo Aguilar, mercante, godeva di buona fama ed era conosciuta da tutta Valencia come donna onestissima. Era morta ma senza che il Santo lo sapesse o ne fosse avvisato, come era accaduto a Toledo per la morte dell'altra sorella.

Avendolo saputo al suo ritorno a Valencia, chiese a Dio la grazia di sapere in che stato si trovasse l'anima di sua sorella e il Signore si degnò di comunicarglielo, dice Padre Teixidor, «*in un modo meraviglioso*». Volle allora celebrare la messa cantata in suffragio di sua sorella nella chiesa del Real Convento

[215] G. M. F. FERRARINI, *Ragguaglio istorico della vita...*, cit., pp. 257-258.

di San Domenico e, durante il canto dell'*Agnus Dei,* accanto all'altare gli apparve una donna avvolta da fiamme che in mano aveva un bambino moro che si contorceva dai dolori. Il Santo guardò questa visione così funesta e scongiurò la donna di dirgli chi fosse; ella rispose: «*Sono tua sorella Francesca e dalla provvidenza mi vedo condannata a soffrire nel purgatorio questi tormenti fino al giorno del giudizio*»[216].

San Vincenzo allora le chiese il motivo di tutto questo ed ella le rivelo che «*suo marito Bartolomeo, essendosi allontanato da Valenza in un viaggio oltre mare per i suoi interessi mercantili, aveva lasciato in casa, tra l'altra servitù, uno schiavo moro della Guinea, che gli faceva anche da maggiordomo. Questi, approfittando dell'assenza del marito e del fatto che un giorno ella era sola in casa, l'assalì con un arma alla mano pretendendo che acconsentisse alle sue impure voglie. Ella non ebbe la forza e il coraggio di perdere la vita, e preferì acconsentire al peccato, venendo meno ai suoi impegni di cristiana e di sposa. Il fatto ebbe conseguenze gravissime: essendo infatti venuta a trovarsi incita procurò in tutti i modi di abortire e vi riuscì; e per vendicarsi dell'insolente servitore gli propinò un veleno così potente, che quello morì all'istante. Non ebbe il coraggio di confessare ai sacerdoti di Valenza, dai quali era conosciuta e stimata, quanto aveva commesso; e d'altra parte non poteva lasciare di riceve i sacramenti della penitenza e della comunione senza dare nell'occhio. Pressata e condizionata in tal modo continuò a confessarsi e a comunicarsi sacrilegalmente per molto tempo. Avvenne che un giorno, stando alla finestra di casa, vide passare una persona in abito talare; la raggiunse, gli chiese chi fosse, e avendo udito che era un sacerdote normanno che andava in pellegrinaggio a S. Giacomo di Compostella, lo pregò di ascoltare la sua confessione nella vicina chiesa di S. Giuliano e così si confessò, contenta di liberarsi da così enormi pesi che gravavano la sua coscienza. Purtroppo non era tutto finito. Quel sacerdote veramente*

[216] J. TEIXIDOR, *Vida de San Vicente Ferrer...*, cit., p. 317.

non era tale, anzi era un demonio d'inferno, apparsole in quella forma per deluderla maggiormente con una invalida confessione. Lei comunque non venne a sapere della cosa, e la misericordia divina fu più grande dell'astuzia diabolica, poiché essendo venuta a morire tre giorni dopo quella confessione, ebbe una vera contrizione delle sue colpe, e grazie a ciò fu salva; ma la giustizia divina volle che essa restasse in purgatorio sino al giorno del giudizio»[217].

Ella concluse il suo racconto chiedendo al fratello di celebrare le *Messe di San Gregorio*[218], al fine di essere liberata dal Purgatorio e da tutte quelle pene che soffriva.

A quel tempo il Spagna non si era ancora diffusa la tradizione delle messe gregoriane, ma esistevano le messe chiamate *di Sant'Amatore,* che il Santo spesso cita nei suoi sermoni.

[217] U. TOMARELLI, *San Vincenzo Ferreri...*, cit., pp. 183-184.

[218] L'origine di questa prassi (trenta messe consecutive in suffragio di un defunto) risale a San Gregorio Magno († 604). Nel IV libro dei *Dialoghi,* a lui attribuito, si narra di un monaco morto senza riconciliazione con la Chiesa dopo aver commesso un grave peccato contro la povertà. Dopo trenta giorni durante i quali era stata celebrata per lui una Messa quotidiana di suffragio apparve ad un confratello, annunciando la sua liberazione dalle pene del Purgatorio (cfr. *Dialoghi* IV, 55). È una prassi che si è diffusa soprattutto verso l'anno Mille, non senza ricadute negative sulla teologia e sulla prassi della Messa, che finì sovente per essere percepita in primo luogo come preghiera di suffragio. Al Concilio di Trento (Sess. XXII) le "Messe gregoriane" appaiono fra gli abusi da correggere (cfr. *Acta Conc. Trid.* t. 8, p. 743 e 917). Non furono abolite anche per rispetto verso San Gregorio Magno, al quale ne veniva attribuita l'istituzione, e anche per la larga diffusione popolare. Si tratta di una prassi lecita e suggerita da autentica fede e devozione, ma che rischia di legare la salvezza all'automatismo, cioè alla semplice e materiale esecuzione delle trenta messe consecutive. Fin dal 1967 la Congregazione, per evitare questo malinteso con qualche sconfinamento verso la magia, ha previsto una deroga nella successione ininterrotta di queste messe per un improvviso impedimento o altra ragionevole causa (cfr. testo completo in *Enchiridion Vaticanum* 2, 966).

Non sapendo perciò San Vincenzo quali fossero le suddette messe, «*Pregò a lungo e digiunò chiedendo al Signore di essere illuminato. E infatti un angelo del Signore gli portò una pergamena con tutte le indicazioni necessarie. Egli subito attuò il proposito di suffragare nel modo indicato la sorella Francesca. Ed effettivamente dopo la celebrazione dell'ultima messa gli apparve l'anima di lei, non più cinta di fiamme, ma coronata di gloria, con una ghirlanda di fiori sul capo, e un giglio nella destra, e saliva in paradiso accompagnata dagli angeli*»[219].

VIII. 4 *Amore per gli studi e per i poveri: il "Colegio imperial de niños huerfanos"*

Come abbiamo visto, in questi anni Vincenzo non aveva mai smesso di lavorare a servizio della verità che, come ricorda P. Tomarelli, «*non è una astratta realtà filosofica, ma una concreta realtà da attuare nella vita, da conoscere, da vivere nelle parole e nelle opere, da testimoniare secondo un'esigenza umana e tanto più secondo un'esigenza umana e tanto più secondo l'esigenza cristiana del battesimo e della cresima, e da incontrare, per confrontarsi con essa, nell'ultimo giudizio di Dio*»[220].

Dai vari biografi ci viene testimoniato l'impegno che San Vincenzo profuse nella città di Valencia per uno "*Estudio General*" poi divenuto Università. Non ne fu il fondatore, perché con certezza sappiamo che questo progetto fu portato a compimento solo nel 1499; tuttavia non possiamo escludere che fu lui a risolvere un certo contrasto tra i Giurati della città e il Vescovo che bloccava questo cammino e arrogava a sé certi diritti.

Annota P. Fages nel suo libro (che ricordiamo essere sta-

[219] U. Tomarelli, *San Vincenzo Ferreri...*, cit., p. 184.
[220] *Ibidem*, p. 196.

to scritto nella metà dell'Ottocento): «*La questione del laicismo non è nuova!*». In effetti era accaduto che nel 1374 il Consiglio Generale di Valencia decretò la libertà di insegnamento. Questo aveva generato non poca confusione, tanto che il Vescovo e il suo Capitolo, basava le sue rivendicazioni sui decreti dei Concilii e in particolare sul Concilio Lateranense III che dava al Vescovo questo diritto e non ai laici. La questione "stato-chiesa", se così volessimo definirla, è stata sempre in agguato e anche in questo caso generava non poche discordie.

Lo scopo di questa fondazione, infatti, mirava ad evitare che i ragazzi, e quindi possibili menti e talenti, potessero disperdersi, essendo costretti a recarsi fuori città e a volte in paesi lontani per poter studiare.

San Vincenzo allora, ben consapevole dei fatti e della storia, propose che il Vescovo con il suo Capitolo formassero il gruppo dei professori ai quali i Giurati e il Consiglio Generale della città avrebbero approvato gli statuti e i privilegi. In questo modo, che chiameremmo diplomatico, rimanevano salvi e illesi i diritti della Città e del Vescovo.

A questo stesso anno 1410, si fa risalire la fondazione del "*Collegio Imperial de Niños Huerfanos*" ad opera di San Vincenzo. A Valencia esisteva un gruppo di beghine[221] che fu riorganizzato da San Vincenzo e che formavano il nucleo della processione dei disciplinanti. In quel tempo Valencia era piena di orfanelli erranti abbandonati alla sola carità cristiana e San Vincenzo invitò i beghini ad occuparsene. Commenta il Fages che tra il dire e il fare con un uomo di quella tempra, l'intervallo era corto.

[221] Beghine e begardi sono i nomi che, a partire dal XIII secolo, furono utilizzati per indicare membri di associazioni religiose formatesi al di fuori della struttura gerarchica della Chiesa cattolica, con lo scopo di una rinascita spirituale della persona tramite una vita monastica ma senza voti.

Piazzale antistante il nuovo complesso del *Colegio Imperial*
a San Antonio de Benagéber (Spagna)

Hélène Tropé, però, nel suo libro sul "*Colegio Imperial*" sostiene che la questione dell'origine dell'aiuto che i discepoli di San Vincenzo prestavano agli orfani è difficile da chiarire. Si conosce con certezza che prima della canonizzazione del Santo, che avvenne il 29 giugno 1455, i beghini avevano iniziato già la loro opera assistenziale sotto il nome di "Confratelli degli Orfani". Questa indicazione la troviamo nei libri contabili del convento dei Domenicani.

Cosa ancora più certa però fu che questa opera pia, ispirata dal Santo predicatore, purtroppo non ebbe un buon seguito a motivo del fatto che i discepoli di San Vincenzo non riuscirono a portarla avanti. Il posto dei beghini infatti era già stato occupato da una nuova confraternita intitolata "*degli orfani di San Vincenzo Ferrer*" e nel 1540 un sacerdote di nome Mosen Palanque gli donò un impulso nuovo, redigendo poi nel 1547 *"le capitulaciones"* che avranno il valore di atti pubblici. Questa nuova costituzione avrà l'approvazione del vice-re don Francesco d'Aragona, del Vicario Generale della Diocesi e del Consiglio Municipale. Anche Carlo V il 30 aprile 1549 concederà vari privilegi e più tardi anche il Consiglio municipale deciderà di patrocinare il collegio, facendo mettere lo stemma della città sulla porta.

Da quel momento mai si interruppe il percorso di questa grande opera di carità che anche il Re Alfonso XIII nel 1913 definì «*un'opera che realizza bene la missione educativa*».

Nel 1968 ci fu un cedimento parziale della struttura e il Collegio fu riedificato a 14 km da Valencia nel territorio chiamato San Antonio de Benagéber[222].

Dal 18 settembre 1977 la secolare istituzione, nei nuovi padiglioni circondati da ampi giardini, accoglie i *"Xiquets de Sant Vicent"* (i bambini di San Vincenzo).

Io stesso, nel viaggio fatto a Valencia nel febbraio scorso, ho potuto ammirare questa monumentale opera di carità che a buona ragione viene definita come un miracolo, il maggiore degli innumerevoli miracoli del Santo valenciano, che continua a vivere dopo sei secoli, fedele all'idea e allo spirito del suo fondatore.

VIII. 5 *La Fonte di Lliria*

Lliria era a quei tempi una piccola città poco distante da Valencia, al confine con lo stato di Aragona. La città contava appena trecento case e circa duemila abitanti.

In quel periodo si era diffusa una forte siccità che aveva

[222] Comune spagnolo situato nella comunità autonoma Valenciana. Il comune venne creato l'8 aprile 1997 come distaccamento da Paterna.

causato anche l'essiccazione della fonte tanto utile alla città. I cittadini, disperati, non sapevano come fare e soprattutto a chi potersi rivolgere per ottenere aiuto. Giunsero a proposito in città le voci della fama di questo Santo predicatore e il Consiglio di Lliria, riunitosi, decretò di andare a perorare la causa presso San Vincenzo, affinché potesse consolarli, certi che Dio non avrebbe mai negato nessuna grazia per intercessione di un santo così miracoloso.

San Vincenzo si era da poco trasferito nella valle di Albaida, a sud di Valencia, quando il 20 agosto i Giurati gli esposero il fatto. In Santo nella sua infinita bontà, ritornò a Valencia e appena potè si diresse verso Lliria dove giunse il 26 agosto.

Come sempre, vi giunse in groppa al suo asino, accolto con grandi feste. Fece il suo ingresso come inviato del Signore ma, ci narrano le cronache, vestito con un abito di lana grezza e scolorito per la polvere accumulata nel lungo cammino.

Lo seguiva come sempre la sua Compagnia, preceduta dall'immagine del Crocifisso. Si cantavano le litanie mentre tutti si dirigevano verso la Chiesa Madre.

Come di consueto al mattino celebrò la messa cantata dopo la quale, deposti i paramenti, salì sul pulpito e iniziò il suo sermone. Per tre giorni predicò esortando il popolo alla preghiera incessante, alla penitenza e invitando tutti ad avere fede nei disegni dell'Altissimo. Il 30 agosto, ci fu la solenne visita alla fonte ormai essiccata. Dicono le cronache che la mattina era splendente e piena di sole. Dopo la messa, celebrata da San Vincenzo, passando per la *Puerta de Mura*, andarono in processione come si usava per le Rogazioni, recitando le litanie dei Santi. Al primo posto andò tutto il popolo, uomini e donne in doppia fila; in mezzo la antica immagine gotica del Cristo della Confraternita del Sangue e poi, nel mezzo delle autorità, splendente della sua fama andò Vincenzo Ferrer. Giunti sulla sorgente, ancora una volta il

Santo li esortò alla penitenza e alla preghiera e subito dopo diede la benedizione alla fonte che tornò a gettare acqua in gran quantità. Allora San Vincenzo disse: «*creixerà i manguarà, pero per a beure no faltarà*», che vuole significare che l'acqua sarebbe aumentata o diminuita ma mai sarebbe mancata.

Questa frase è incisa ancora oggi sulla lapide posta ai piedi dell'olivo, nel luogo dove San Vincenzo predicò prima di benedire e ravvivare la fonte. Quella fonte esiste ancora oggi a distanza di più di seicento anni ed io stesso nel mio recente viaggio a Valencia ho potuto goderne la bellezza, bagnarmi il viso e farmi il segno di croce in ricordo di questo grande miracolo operato da San Vincenzo.

A memoria dell'evento, nel 1500 fu edificata una "*hermita*", cioè una cappella, in onore del Santo. Appena si entra sulla destra vi si trova una grande maiolica dipinta che illustra tutte le scene della vita del Santo. Sul presbiterio, al centro, campeggia una stupenda immagine lignea di San Vincenzo e sotto di essa una grandissima maiolica, che occupa tutta la parete da destra a sinistra, raffigura il miracolo della fonte e la predicazione del Santo. Ai lati della navata sono collocati invece due dipinti: a destra il miracolo del pozzo e della scarpetta e a sinistra la predicazione del Santo a Lliria.

VIII. 6 *Teulada e la sorella Costanza*

Dalla città di Lliria San Vincenzo tornò versò sud dove si recò, tra gli impegni della predicazione, a trovare sua sorella Costanza che era sposata a Teulada con il notaio Pedro de Synia.

Tante cose si mescolano ormai con la tradizione, altre invece sfiorano la leggenda, tutte ancora sopravvivono nei racconti degli abitanti che ho avuto modo di conoscere visitando la città.

Esterno della casa di Costanza Ferrer a Teulada (Spagna)

I teuladini seppero di questa visita del Santo, tuttavia preferirono non disturbare l'incontro dei componenti di questa famiglia così numerosa e così difficile da riunire.

Ancora oggi è possibile notare la grande maiolica che ricorda il luogo dove sorgeva la casa di Costanza Ferrer e dove il Santo trascorse i giorni della sua permanenza.

Il primo racconto di famiglia, narra che un giorno, mentre i fratelli stavano percorrendo la strada che da Moraira porta a Teulada, Costanza si sentì mancare le forze a causa del molto caldo e soprattutto della mancanza di acqua in quel luogo. Il santo fratello allora, vista una roccia poco distante, raccolta una canna da terra, come un novello Mosè, colpì la pietra dalla quale iniziò ad uscire acqua. Fu chiamato il miracolo della *Font Santa* dove ora sorge una *hermita,* una piccola cappella sul cui altare è posta la statua di San Vincenzo; accanto si trova una stanza, completamente rivestita in maiolica dipinta, che contiene la pietra dalla quale ancora oggi esce acqua goccia a goccia.

Al sentire questi fatti, i teuladini si decisero allora ad andare a disturbare il soggiorno in famiglia di San Vincenzo. Essi erano lì per chiedergli di intervenire in alcune situazioni che angosciavano la vita della città. «*Padre Ferrer*» – dissero i portavoce del popolo – «*ci urge un intervento divino che cancelli le nostre pene. I pirati che sbarcano sulla costa, importunano le nostre moglie e hanno violentato alcune donne, derubano e distruggono i nostri campi. Viviamo nel terrore per tante barbarie e abbiamo paura che anche la peste possa colpirci. Siamo gente buona, anche se peccatori, e non mentiano. Vi tendiamo una mano, perché sappiamo che una parola pronunciata da voi, una vostra richiesta al Signore ci libererà da questi orrori*». Il Santo commosso rispose: «*Seguitemi e che Dio mi ascolti*». Giunto ad un incrocio di quattro strade, fuori da Teulada, il Santo domenicano, profondamente raccolto in preghiera, con il pollice segnò una croce su una pietra dicendo: «*Teuladini, chiedete all'Onnipotente che da questa pietra non passino mai i barbari, né che la peste espanda i suoi mali sulle vostre famiglie*». Tutti risposero: «*Amen*»[223].

Seppur affidato alle cronache della tradizione, tuttavia negli anni a seguire avvennero fatti che solo alla luce di questo evento si riuscì a comprendere. «*E fu meravigliosa cosa in particolare l'avvenuto nell'anno 1532, quando attaccatasi furiosamente la peste la Peste in quella parte del Regno, non infettò vicino alcuno di Teulada; abbenchè in Venizza, luogo vicinissimo ad essu, infierisse cotanto, che non uccise solamente tutti quegli abitanti, non perdonandola ne a grandi, ne a piccoli, ma uccise in oltre tutti gli animali, senza lasciare ne pure i cani, ed i gatti*»[224].

[223] F. Zabala, *Leyendas y tradiciones Valencianas*, Carena Editor, Valencia 2006, pp. 91-94.
[224] G. M. F. Ferrarini, *Ragguaglio istorico della vita...*, cit., p. 260.

Ancora oggi, in quel luogo è possibile ammirare un piccolo monumento piramidale posto a ricordo dell'evento. Su di esso una maiolica dipinta recita *"Crejeta de l'Ave Maria"*. In quel luogo inoltre il Santo, prima di partire, impartì l'ultima benedizione sul popolo di Teulada.

In quel luogo è possibile anche ammirare la stupenda e monumentale chiesa parrocchiale intitolata a Santa Caterina martire. Nell'ultima cappella a destra, accanto al presbiterio, si trova la statua del Santo in abiti veri e sotto di essa una Reliquia di una parte della costola, recentemente donata dalla città di Vannes.

Scendendo più giù della casa di Costanza Ferrer, quasi alla fine della città è situata la *Ermita* di San Vincenzo. La sua costruzione risale al XVIII secolo. Sul lato sinistro della facciata domina una stupenda e grande maiolica che raffigura la statua di San Vincenzo, che è esposta nella chiesa parrocchiale. Al suo interno, sulla parete sinistra è collocata una parte del pavimento che appartenne alla casa di Costanza. Nella lunetta della navata sinistra si può ammirare un dipinto che raffigura San Vincenzo con le ali mentre appare durante l'ultima guerra civile. Sull'altare maggiore domina invece una stupenda tavola raffigurante il Santo.

A 17 metri dalla *Ermita* troviamo il *Casilicio,* una piccolissima costruzione con punta piramidale tutta in pietra, che sta ad indicare il luogo da cui predicò San Vincenzo e dove tenne l'ultimo sermone prima di lasciare la città. Al suo interno, una raffigurazione in maiolica dipinta, ricorda l'evento.

Passeggiando ancora per le strade della città sulla parete di un palazzo è possibile ammirare un'altra stupenda maiolica che raffigura il Santo che benedice e beve l'acqua di un pozzo che un tempo era posto nei pressi.

Concludo raccontando un aneddoto che ho appreso nella visita fatta a Teulada nel febbraio scorso, chiamato *"Miracle dels pésols"* e riguarda un pranzo che Costanza preparò a suo

La *Font Santa* di Teulada (Spagna)

fratello. Ella gli chiese cosa preferisse per pranzo e il Santo rispose "pasta e piselli". Costanza però non disponeva di baccelli sufficenti per cui decise di andare a prenderli nell'orto della vicina, ma senza chiederne il permesso. Cucinato il tutto, mise a tavola le pietanze, tuttavia San Vincenzo nel consumare il pasto separò una parte del condimento mangiando il resto.

Alla domanda di Costanza, su come mai questo comportamento, il Santo rispose con un solenne rimprovero poiché aveva preso quei piselli dall'orto della vicina senza chiedere il permesso.

Appendice

Lettera di San Vincenzo a Benedetto XIII scritta il 27 luglio 1412

«I tempi, dell'anticristo e della fine del mondo saranno presto, molto presto e tanto in breve. E ciò ha un suo fondamento nella rivelazione fatta ai Santi Francesco e Domenico, ai quali era stato detto che la durata di questo mondo dipendeva da una proroga della sua fine ottenuta dalla Beata Vergine in vista della conversione di esso realizzata dall'apostolato degli Ordini di San Domenico e San Francesco. Ma poiché tale conversione non è avvenuta, e anzi le cose sono andate peggiorando nel mondo, e negli stessi Ordini è rimasta ben poca fedeltà e osservanza, non resta che da attendere quanto è stato sopra detto dell'avvento dell'anticristo e della fine del mondo. E una riprova si può avere da un'altra rivelazione per me certissima fatta a un certo religioso di uno dei due ordini, circa 15 anni fa. Mentre egli era ammalato e pregava devotamente il Signore per la propria salute per poter predicare la parola di Dio, come ardentemente e frequentemente aveva fatto, a lui orante e assopito apparvero i Santi Domenico e Francesco, in preghiera ferventissima ai piedi di Cristo. E dopo quella grande invocazione Cristo scendendo con loro si pose ai lati del letto dove il religioso giaceva ammalato, e con la sua santissima mano toccò la guancia, quasi accarezzandolo, in modo preciso suggeriva alla mente dello stesso religioso che egli andasse per il mondo apostolicamente predicando, come avevano fatto gli stessi Santi, e così la sua predicazione prima dell'avvento dell'anticristo realizzasse la misericordiosa correzione e conversione degli uomini. Subito dopo essere stato toccato da Cristo lo stesso religioso pienamente risvegliato, si ritrovò liberato dalla sua malattia. Il religioso si sforzò di eseguire con diligenza il Legato Apostolico che gli era stato affidato da Cristo, e la Provvidenza volle confermare la verità di quanto predicava non solo con numerosi segni, come era avvenuto per Mosè, ma anche con l'autorità della Sacra Scrittura, come era avvenuto per Giovanni Battista. Infatti per la difficoltà dell'impegno e per la piccolezza del testimone ce n'era molto bisogno; così che dei tre predicatori che dovranno essere mandati successivamente agli uomini prima del giorno

del giudizio, e raffigurati negli angeli dell'Apocalisse, secondo alcuni egli sarebbe il primo, del quale Giovanni diceva: «E vidi un altro Angelo che volava in mezzo al cielo che portava l'Evangelo eterno, per evangelizzare quelli che seggono sulla terra, tutte le genti, le tribù, le lingue, i popoli, dicendo a gran voce. Temete Dio e dategli onore, perché viene l'ora del suo giudizio». Il detto religioso ormai da 13 anni sta andando in tutto il mondo, predicando ogni giorno lavorando in tanti modi, e ormai è vecchio, avendo più di 60 anni di età, per questo egli crede in modo certissimo che si avvererà quanto ha sopra detto in relazione alla fine del mondo»[1].

****

Orazione di San Vincenzo per la buona morte

«Miserere mei, et exaudi oratione meam.

Miserere mei Domine, quoniam infirmus sum, sana me Domine, quoniam conturbata sunt ossa mea.

Miserere mei Domine: Vide humilitatem meam de inimicis meis.

Miserere mei Domine, quoniam tribulor, conturbatus est in ira oculus meus, anima mea, et venter meus.

Miserere mei Desu, secundum magnam misericordiam tuam.

Miserere mei Deus, quoniam conculcavit me homo: tota die impugnans tribulavit me.

Miserere mei Deus, miserere mei: quoniam in te confidit anima mea.

Miserere mei Domine, quoniam ad te clamavit tota die: laetifica animam servi tui, quoniam ad te Domine animam meam levavi.

Miserere nostri Domine, misere nostri: quia multum repli sumus despectione.

Gloria Patri….

OREMUS

Domine Jesu *Christe, qui neminem vis perire, et cui numquam fin spe misericordie supplicatur: nam tu dixisti ore tuo Sancto, et benedic-*

[1] U. Tomarelli, *San Vincenzo Ferreri...*, cit., pp. 118-120.

to: Omnia quaecumque petieritis in nomine meo fient vobis; peto à te Domine, propter nomen Sanctum tuum, ut in articulo mortis meae des mihi integritate sensus cum loquela, vehementem cordis contritionem de peccatis meis, veram fidem, spem ordinatam, charitatem perfectam; ut tibi puro corde dicere valeam: in manus tuas Domine commendo spiritum meum, redemisti me Domine Deu veritatis, qui es benedictus, et gloriosus in saecula saeculorum. Amen»[2].

****

Lettera dei Giurati di Valencia
12 giugno 1409

«Al Rev.do e perfetto religioso Fratello Vincenzo Ferrer dell'Ordine dei predicatori Maestro in teologia, amico caro come un fratello.

Rev.do Maestro e amico carissimo,

solo colui al quale tutto è conosciuto sa la consolazione che la vostra risposta ha dato alle nostre anime, e la gioia che le vostre amabili parole ci hanno apportato. La vostra carità vi riporta in questa città dove voi siete nato, per predicare il Vangelo di Gesù Cristo!

L'Annuncio del vostro arrivo – e voglia Dio che esso sia prossimo – ha generato una allegrezza universale. Vi diamo il benvenuto in particolare, pensando al bene che questa famiglia raccoglierà e alla fine dei malori che la lacerano.

I suoi figli perversi non cessano di affliggerla con i mali, le guerre e discordie talmente feroci che i fratelli si armano contro i fratelli, omicidi seguono omicidi, e la gente onesta rischia di andare perduta.

Solo la provvidenza può porre rimedio a questa così grande calamità, ma noi pensiamo che il vostro intervento sia necessario. Noi abbiamo inoltre bisogno dei vostri consigli e del vostro appoggio per agire efficacemente, noi che toccati da miserie pubbliche, cerchiamo tutti i modi per mettere una fine e scongiurare i mali futuri.

[2] G. M. F. Ferrarini, *Ragguaglio istorico della vita...*, cit., pp. 242-243.

Noi supplichiamo dunque la vostra carità e la vostra amicizia ben conosciuta di inizare il vostro apostolato nella vostra patria; vi scongiuriamo per la misericordia di Dio di scartare tutto ciò che potrebbe ritardare la vostra venuta affinché con la pacificazione di questo paese potremo meglio servire l'autori di ogni bene.

Che Dio vi conservi nella sua Santa Grazia.

I Giurati di Valencia, 12 giugno 1409»[3].

****

Lettera dei Giurati di Valencia
28 agosto 1409

«*Al molto onorevole e di Santa religione Fratello Vincenzo ferrer, Maestro in teologia e nostro amico carissimo.*

Caro amico,

noi conosciamo per esperienza, e il rapporto dell'onorevole Jean d'Avello nostro funzionario d'affari ce lo conferma, i vostri sentimenti di benevolenza nei riguardi di questa città. Essi ci sono di garanzia per l'avvenire. Noi vi rendiamo mille grazie e vi preghiamo affettuosamente di prendere in mano questi interessi, di aiutare il nostro sindaco Jean Frullols, attualmente alla Corte, in tutto quello che egli darà per il servizio di Sua Maestà, la gloria di Dio e la salvezza del suo popolo che voi desiderate ardentemente come vi abbiamo scritto più volte.

Voi sapete le agitazioni di tutte queste calamità, le guerre intestine e le inimicizie tra i grandi. Voi solo, con l'aiuto di Dio, potete apportarvi rimedio.

Se ci fosse qualcosa che vi potesse essere di aiuto, fatecelo sapere.

I Giurati di Valencia, disponibili per servirvi in tutte le cose»[4].

[3] P. Fages, *Histoire de Saint Vincent Ferrier*, cit., pp. 249-250.
[4] *Ibidem*, pp. 250-251.

****

Lettera dei Giurati di Valencia
25 aprile 1409

«Al Reverendo e di grande religione Fratello Vincenzo Ferrer. Maestro in teologia, amico particolarmente caro.

Reverendo Maestro,

noi abbiamo appreso con una grande gioia il vostro arrivo prossimo. La nostra città è nella gioia da quando vi siete diretto verso di noi, e già rendiamo grazie a Dio del bene della vostra presenza. Temendo comunque che i mali dei tempi cambino il vostro itinerario, noi affidiamo questa lettera al P. Agramunt del vostro Ordine, con l'impegno di esprimervi , oltre ai nostri desideri più ardenti, la preghiera che noi indirizziamo dal fondo del cuore alla vostra caritatevole amicizia, di non cambiare il vostro cammino e di affrettare il più possibile il vostro arrivo. Che il tre volte Sant vi conservi nella sua Grazia.

I Giurati di Valencia, sempre pronti a servirvi. Valencia,
25 aprile 1410»[5].

[5] *Ibidem*, pp. 258-259.

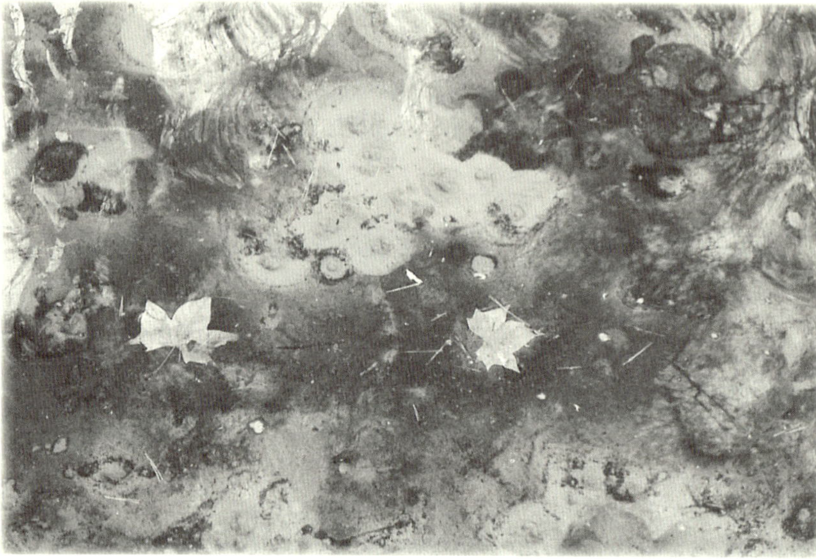

Sopra: la fonte di Lliria.
Sotto: il luogo dove S. Vincenzo benedisse il popolo di Teulada prima di lasciare la città

Aa.Vv., *600 anys d'un miracle Llìria*, Textos & Imagenes, Llìria 2010

Aa.Vv., *600 anys d'un miracle, Sant Vicent 2010 Llìria*, Grafiques Gimeval, Llìria 2010

Bibliotheca Sanctorum, Vol. XII, Città Nuova, Roma 1998

Brezzi Paolo, *I principali movimenti religiosi in Italia*, Edizioni Rai, Torino 1968

Butler Alban, *Dizionario dei Santi*, Piemme, Casale Monferrato 2003

Fages P. Henry O., *Histoire de Saint Vincent Ferrier*, Paris 1901

Felici Icilio, *Un Messaggero di Dio. San Vincenzo Ferreri*, Scuola tipografica Salesiana, Firenze 19..

Ferrarini P. Giuseppe M. Felice, *Ragguaglio istorico della vita apostolica e taumaturga di San Vincenzo Ferreri*, Stamperia di Giuseppe Pandolfo Malatesta, Milano 1732

Fliche A., Martin V., *Storia della Chiesa*, Vol. X, Edizioni S. Paolo 1997

Genoves Vicente, *San Vicente Ferrer. Apostol de la Paz*, Valencia 1943

Iustiniano P. Vincenzo, *La vita et historia dell'Apostolico Predicatore S. Vincentio Ferrer Valentiano*, Palermo 1600

Kelly John N. D., *Dizionario illustrato dei Papi*, Piemme, Casale Monferrato 2003.

Le Dorze J., *Sur les pas de Saint Vincent Ferrier*, Edition Gisserot, Vannes 2011

Marchese Fr. Domenico, *Vita del glorioso Apostolo delle Spagne S. Vincenzo Ferreri*, Napoli 1669

Marra Luigi, *Anni Santi*, Edizioni Fondazione Lions Clubs, Urbania 2000.

Mollat Guillaume, *I papi di Avignone. Il grande scisma*, in *Storia del mondo medievale*, Vol. VI, 1999

Morales J. F., *El Colegio Imperial de Ninos Huérfanos de San Vicente Ferrer (siglos XVIII - XIX)*, edicep, Valencia 2010

Pontieri Alberto, *Vita e miracoli del glorioso apostolo delle Spagne S. Vincenzo Ferreri*, Napoli 1852

Teixidor J., *Vida de San Vicente Ferrer, apòstol de Europa*, Ajutament de Valencia 1999

Teoli P. Antonio, *Storia della vita e del culto di San Vincenzo Ferreri*, Tipografia dello Stabilimento dell'Ateneo, Napoli 1843

Tomarelli P. Ubaldo, *San Vincenzo Ferreri. Apostolo e taumaturgo*, Edizioni Studio Domenicano, Bologna 2005

Trigilia Melchiorre, *I Flagellanti*, Trigilia Cultura, Ispica 2014,

Tropé H., *La formacion de los Ninos Huérfanos en Valencia (siglos XV al XVII)*, EDICEP, Valencia 2007

Vittoria D. Vincenzo, *Vita, e miracoli dell'Apostolo Valenziano San Vincenzo Ferreri*, Roma 1705

Zabala F., *Leyendas y tradiciones Valencianas*, Carena Editor, Valencia 2006

Sopra: interno della chiesa del *Colegio Imperial*
Sotto: cappella di S. Vincenzo nella chiesa parrocchiale di Teulada

EDIZIONI KIRKE

GIUSEPPE BUCCELLA - ***Leggende marsicane*** - ISBN: 978-88-97393-00-9, 112 pp., 12 ill. di Antonello Venditti - € 12,00 [ESAURITO]

FULVIO D'AMORE - ***Il manoscritto inedito della nobile famiglia Aloisi di Avezzano. Strutture familiari e rapporti sociali in una comunità marsicana fra Trecento e Settecento*** - ISBN: 978-88-97393-01-6, 144 pp., con inserto a colori - € 12,00 [ESAURITO]

ANDREA DI PIETRO - ***Catalogo dei Vescovi della Diocesi dei Marsi*** - ISBN: 978-88-97393-02-3, ristampa dell'edizione del 1872, VIII+304 pp. - € 15,00 [ESAURITO]

FEDELE ROMANI - ***L'Amore e il suo Regno nei Proverbi Abruzzesi*** - ISBN: 978-88-97393-04-7, ristampa dell'edizione del 1897, prefazione di Lia Giancristofaro, 136 pp. - € 12,00

FIORENZO AMICONI - ***Serafino de' Giorgio e la spedizione marsicana nell'Agro romano del 1867. Documenti sugli scontri tra garibaldini e zuavi a Subiaco*** - ISBN: 978-88-97393-05-4, prefazione di Eugenio M. Beranger, 112 pp., ill. n.t. - € 12,00

ANTONIO M. SOCCIARELLI - ***Cultura e religiosità popolare in Abruzzo. Scritti storico-antropologici*** - ISBN: 978-88-97393-06-1, prefazione di Alessandra Ciattini, XVI+127 pp., ill. n.t. - € 12,00

TOMMASO BROGI - ***Sul lago Fucino e sue escrescenze. Da un manoscritto della Biblioteca Angelica di Roma*** - ISBN: 978-88-97393-08-5, introduzione, trascrizione e note a cura di Antonio M. Socciarelli, XLVIII+52 pp., ill. n.t. - € 14,00

GUIDO JETTI - ***La Marsica in due secoli. Tra intellettuali, sovversivi e latifondisti*** - ISBN: 978-88-97393-11-5, 120 pp., ill. n.t. - € 13,00

AA. VV. - **"...pareva quel giorno dell'Universal Giuditio". *Il terremoto aquilano del 1703 tra indagine storica e sviluppo della sismologia moderna*** - ISBN: 978-88-97393-14-6, premessa di Raffaele Colapietra, saggio introduttivo di Fabrizio Galadini, CVI+150 pp., ill. n.t. - € 18,00

ANGELO CERRI - ***Reazione e brigantaggio nel Mezzogiorno d'Italia. Note e ricordi*** - ISBN: 978-88-97393-15-3, riedizione del volume del 1893, 272 pp., ill. n.t. - € 18,00

GUIDO JETTI - ***Il Re, il Parlamento e le barricate di Napoli (1848-1849)*** - ISBN: 978-88-97393-16-0, prefazione di Mario Di Domenico, 132 pp., ill. n.t. - € 14,00

FABRIZIO GALADINI - FULVIO D'AMORE - MARIALUISA ROSSI - S. E. MONS. PIETRO SANTORO - ***Il giorno che non vide mai l'alba. Quattro conversazioni sul terremoto del 13 gennaio 1915*** - ISBN: 978-88-97393-21-4, 208 pp., ill. n.t. - € 15,00

Collana "I Mazzamurelli"

Pietro Piccirilli - ***Notizie storiche e artistiche di Alba Fucense*** - isbn: 978-88-97393-03-0, ristampa dell'edizione del 1892, 52 pp., ill. f.t. - € 8,00

Giovanni Pansa - ***Gli Orsini signori d'Abruzzo*** - isbn: 978-88-97393-07-8, ristampa dell'edizione del 1892, viii+64 pp. - € 8,00

Gian Battista Brocchi - ***Osservazioni naturali fatte in alcune parti degli Apennini nell'Abruzzo Ulteriore*** *(1818)* - isbn: 978-88-97393-10-8, note al testo a cura di Antonio M. Socciarelli, 76 pp., ill. n.t. - € 10,00

Benvenuto Gasparoni - ***Diluvio di Roma che fu a 7 d'ottobre 1530*** - isbn: 978-88-97393-12-2, riedizione dell'opuscolo del 1865, 80 pp., ill. n.t. - € 10,00

Pietro Saraceni - ***La Cronaca di S. Stefano ad Rivum Maris*** - isbn: 978-88-97393-19-1, riedizione dell'opuscolo del 1877, introduzione di Jean-Marie Martin, 88 pp., ill. n.t. - € 12,00

Collana "Hagiographica"

Ennio Grossi - ***La storia e il culto di San Vincenzo Ferrer - Volume I (1350-1380)*** - isbn: 978-88-97393-09-2, 88 pp., ill. n.t. - € 12,00

La storia e il culto di San Vincenzo Ferrer - Volume II (1380-1394) - isbn: 978-88-97393-13-9, 120 pp., ill. n.t. - € 13,00

La storia e il culto di San Vincenzo Ferrer - Volume III/1 (1394-1410) - isbn: 978-88-97393-20-1, 120 pp., ill. n.t. - € 14,00

Vita di San Domenico da Fuligno, Abbate dell'Ordine di S. Benedetto - isbn: 978-88-97393-17-7, ristampa anastatica dell'edizione del 1604, prefazione di Sofia Boesch Gajano, 88 pp., ill. n.t. - € 12,00

Collana "i borghi"

Luigi Mucciante - ***Castel del Monte. Dalle origini all'autonomia amministrativa*** - isbn: 978-88-97393-18-4, a cura di Fulvio D'Amore, 160 pp., ill. n.t. - € 12,00

Fuori Catalogo

Aa. Vv. - "*Un Pastore forte e gentile. Mons. Pio Marcello Bagnoli (1911-2011)*" Catalogo della mostra documentaria. Avezzano (AQ), 3 giugno-25 luglio 2011 - 60 pp., ill. n.t. Curia Diocesana di Avezzano / Archivio Diocesano dei Marsi

Francesco Belmaggio - *Luco dei Marsi nella storia e i suoi sindaci* - 320 pp., br. edit., ill. a colori n.t., Comune di Luco dei Marsi (AQ) - 2011

Giuseppe Buccella - *La provincia dell'Aquila nel Risorgimento Nazionale* - 32 pp., ill. n.t. Comune di Ortona dei Marsi (AQ) - 2011

Fiorenzo Amiconi - *La Carboneria a Cerchio e nei Distretti di Celano e Pescina* - 144 pp., br. edit., ill. n.t. Parco Regionale Sirente Velino / Comune di Cerchio (AQ) - 2013

Per ordini: tel. (+39)0863.070373 - mob. (+39)333.7355725
e-mail: info@edizionikirke.it